輿情管理学

【著】
彭鉄元

【訳】
中出了真・陳亮・的陽

輿情とは、
世論と情報を指す

序言

　1994 年に中国がインターネットに接続した。以来 20 年あまりの発展があって、中国のネットユーザー数は 6.3 億人を超えた。中国におけるインターネットの影響力は日増しに増えつつある。インターネットが経済の発展を促進し、民衆に利便性をもたらしたことは認めざるを得ない。しかし、それと同時に、インターネットは国家安全と民衆の権益にリスクももたらした。ネットの監視と管理は世界的な難題となっている。

　国と国の結びつきは民と民の信頼に基づき、民と民の信頼は、インターネットによる結びつきに支えられている。第一回世界インターネット大会で、百近くの国と地域から千人以上の政府要人、インターネットエリート、学者が中国浙江省の烏鎮に集まり、「結び合い、通じ合い、ともに享受、ともに治める」というテーマのネット協奏曲を奏でた。各国がそれぞれ国情も、歴史的、文化的背景も、インターネット発展の段階も異なり、管理モデルと方法に関して異議と論争が存在するにもかかわらず、ネット空間の管理を強化しなければならないということで、参加者のコンセンサスを得る事ができた。

　インターネットの発展は政府の推進と密接に関係がある。政府による監視と管理もなくてはならない。ネット行為に対する監視と管理を強化することが一貫した国家の課題である。しかし、歴史的な原因によって、中国のインターネット管理、ネット安全管理は、〝九匹の竜による水害退治〟に例えらえるように、管理元が複数存在し、職能が交差し、権力と責任が一致せず、効率が良くないといった問題がある。1999 年に国家情報化リーダーグループが設立されてから 15 年が経った 2014 年 2 月 17 日に、中央ネット安全と情報化リーダーグループが北京にて発足した。これは国家のインターネット管理が新しい段階に突入したことを表している。中国共産党中央レベルに相当する高層機構として、当該リーダーグループは従来の国家

情報化リーダーグループが他の組織との調整を徹底的に行い、全体的な企画力と調整能力を大幅に高めた。

中国共産党第十八回全国大会第四次中央全会において、中国の特色をもつ社会主義法治システムと中国の特色をもつ社会主義法治国家の建設という目標を掲げた。而して、影響範囲が広く、力強く、未来を代表する特殊分野としてのインターネットは、発展の中で混乱と無秩序に直面している。近年、ネットの混乱、デマの伝播、社会秩序の撹乱、安寧の破壊、財産の略奪、国家安全への危害などが時々起きている。重要な原因の一つは、ネットの発展と経済、社会形態に適応できる法律法規体系の欠如である。したがって、法によって国を治めるという目標の下で、法によってネットを管理することは必要不可欠である。

法によって国を治めるという方針を実行する中で、ネット関連の法律の立法作業を迅速かつ強力に推進し、なるべく早く完備なネット関連法案を成立させ、ネット法治の基礎が弱いという局面を徹底的に変えなければならない。しかし、健全な法律体系の建設は一朝一夕のことではなく、長期的で煩雑な仕事であり、社会全体の知恵を発揮しなければ実現できない。

目次

第一章　輿情管理概論

第一節　輿情管理の由来と実践　10

一　中国古代における輿情管理の制度化　10
二　中国古代の輿情管理制度の利点と弊害　17
三　中国ニュース輿情監督と政府の対応　22

第二節　輿情管理は国家安全と政府による施政の前提　29

一　輿情管理の政治的需要　29
二　輿情管理の経済的意義　39
三　輿情管理の社会的作用　41
四　輿情管理の軍事的価値　45

第二章　輿情の形成と特徴

第一節　輿情の由来　54

一　中国における輿情の発生とその特殊な背景　54
二　西側における輿情の発生とその特定の背景　56

第二節　輿情の内包　63

一　輿情概念の形成と発展　63
二　輿情の構成部分の相対的な独立と論理関係　65
三　輿情の表現と影響　72

第三節　メディアが多様化した環境における輿情の特徴　79

一　メディアが多様化した環境において輿情の交わりは国境を越えた　79

二　ネット輿情の衝撃によって各利益階層が連盟に向かう　82

三　輿情が社会の隅々に浸透し、ネガティブな輿情が突出する　84

第三章　ネット輿情の成因および変遷

第一節　ネット輿情の内包と種類　88

一　ネット輿情の内包　88

二　ネット輿情の種類　90

第二節　ネット輿情の表現チャンネル　91

一　BBS（ネット掲示板）　91

二　レス　92

三　ブログと個人サイト　92

四　ミニブログ（ツイッター）　93

五　書き込み　94

六　ネット社交グループ　94

七　ブログのミニ動画　95

第三節　ネット輿情の構造と変動　96

一　ネット輿情の構造　96

二　ネット輿情の形勢と変動　98

三　ネット輿情の変動周期　101

第四節　ネット輿情の特徴と環境要素　103

一　ネット輿情の基本的特徴　103

二　ネット輿情に影響する環境要素　106

第五節　ネット輿論の形成と変遷　109

一　ネット輿論の形成　109

二　ネット輿論の相互作用　111

三　ネット輿論の変化　114

第四章　ネット輿情の観測

第一節　ネット輿情監視・予測の対象と内容　120

第二節　ネット輿情観測の方法と流れ　122

　一　輿情監視・予測システムの定義と機能　122
　二　輿情監視・予測システムの基本的な流れ　124

第三節　ネット輿情観測システム　124

　一　インターネット情報採取システム　125
　二　輿情データ格納システム　125
　三　輿情データマイニングシステム　127
　四　システム機能と管理　129

第四節　ネット輿情監視・予測制度　131

　一　突発事件に対するネット輿情の管制と保護についての法律の完備　131
　二　突発事件に関する政府情報公開制度の建設を加速　133
　三　ネット報道官制度の設立と完備　134

第五章　ネット輿情に対する研究・判断と対応

第一節　ネット輿情の研究・判断と対応　138

　一　研究・判断の内容と指標　138
　二　研究・判断のモデルと方法　138

第二節　ネット輿情への対応　140

　一　ネット輿情対応の指導思想　140

二　ネット輿情対応の基本原則　140

三　ネット輿情対応の落とし穴　141

四　ネット輿情誘導の方法と技巧　141

第六章　ネット輿情管理の戦略

第一節　ネット輿情管理の理念とメカニズム　146

一　主動的に出撃し、速やかにコントロール　146

二　時には流れをよくし、時には水を堰き止め、臨機応変に管理　147

三　病症も病因も治す　148

四　責任と権力を明らかにし、うまく協調する　149

第二節　ネット輿情を誘導し、プロの管理チームを建てる　150

一　政府の情報公布制度を建てる　150

二　専業のネット評論チームを建て、ネット・意見・リーダーを育てる　152

三　専門の技術人材を招き、ネット輿情管理の招きシンクタンクを作る　155

第三節　主流ネットメディアの建設を強化し、ネットにおける強い声を形成する　156

一　ネットメディアの社会公信力を高める　156

二　ネット輿情を誘導する力を強める　158

三　ネットメディアと伝統メディアの連携作業　159

第四節　ネットユーザーの素質を高め、責任感のある大国のネットユーザーを育てる　160

一　ネットユーザーの素養教育を展開し、ネットユーザーの道徳教養を高める　160

二　ネット実名制を実行し、ネットユーザーの責任意識を培う　161

三　立法宣伝を行い、ネットユーザーの法律意識を高める　161

第五節　ネット立法体系の完備　162

一　中国ネット立法の現状　162

二　インターネット立法と法律の執行の苦境　165

三　ネット立法体系の完備　166

第七章　輿情管理の運営システム

第一節　輿情管理機構の体系　170

一　組織機構の設立　170

二　科学的で有効な奨励制度を確立　174

三　低層の輿情情報機構と人員の育成を強化　174

四　応急組織のシステム、輿情リーダーグループ　175

五　職位の責任を明確にする　175

第二節　輿情管理の条例体系　176

一　輿情表現メカニズムの建設を強化　176

二　輿情収集、分析メカニズムの建設を強化　179

三　輿情レスポンスメカニズムの建設を強化　186

四　輿情監督メカニズムの建設を強化　197

五　輿情案件データベースの建設を強化　205

第三節　輿情管理連携システム　209

一　内部協調の連携メカニズム　209

二　外部協調の連携メカニズム　209

三　輿情機構の間の連携　210

第四節　輿情管理アラームシステム　212

一　輿情アラームの定義　212

二　輿情アラームシステム　212

三　ネット輿情アラームメカニズムの構成　213

四　ネット輿情アラームの実施　217

第1章

輿情管理概論

第1節
輿情管理の由来と実践

　輿情管理とは、社会の安定と正常な秩序を維持するために、あらゆる輿情に対する観測、収集、分析、判断、および応対処理の全体を管理することである。簡単にいうと、輿情管理はすなわち輿情に対する管理である。ネット輿情の観測はネット輿情管理の基礎であり、ネット輿情に対する応対処理は輿情管理の鍵である。

一　中国古代における輿情管理の制度化

　中国古代の歴代王朝は現在のような厳格な輿情収集、分析、フィードバック、評価に至る体系化の輿情管理制度を持たなかったが、輿情と民意は統治者に高度に重視されていた。国家の根幹は民であるという「民本思想」は封建時代全体において提唱されていた。「尚書・泰誓」に「天は我が民の目によって我を観、我が民の耳によって我を聞く」という説があった。これは史上最初の民意重視論であろう。その後、孔子と孟子に代表される儒学者は、「民本思想」を独立の思想体系に発展させた。本とは根源という意味である。孔子が『論語』の中で提唱した「仁愛」と、孟子のいわく「民貴き、君軽し」、および唐の太宗皇帝李世民の「水は舟を載せ、また舟を覆す」（民は政権を支え、また政権を倒すという意味）は、後世国家統治の鉄則と認知された。それによって、公式、または非公式のチャンネルで民意を収集し、民衆の情緒を理解することは国家統治者の第一の仕事となった。

　清朝時代の著名な文学者で思想家の魏源氏は古代の輿情収集チャンネルを以下のように羅列した。陳情を受け付ける各種の機関、教師の箴言、老人の言葉、伝言、職人の直訴、デマ、木の鈴を使う世論調査、歌謡の登記、各種の呪いや祝いに対する審査、デマに関する調査、学生の上訴、老人を招いて意見を聞くこと、などなど。

1　輿情収集制度

（1）詩を採って風を観る

　風とは、風潮を表す詩のことである。『毛詩序』いわく、統治者は「風」を以て民衆を感化し、民衆は「風」を以て統治者を風刺し、言葉によって婉曲に諌める。言う者に罪無く、聞く者は戒めるに値する。ゆえに「風」という。つまり、「風詩」は世論を反映して、政治的な諌言としての機能を有し、統治者はこのような世論、風刺的な諌言に対して寛容的な態度をもつべきだという。考証によれば、このような「風詩」を採って観る伝統は太古の時代に遡ることができ、その独特の政治機能と価値によって、後の歴代王朝において、維持され、発展した。左丘明氏の著書『左伝』によると、春秋時代、毎年の春と秋、君主は官員を田舎に派遣し、歌謡と民謡を収集し、それが慣例になっていた。その時、毎年春の最初の月に田舎に巡回して情報を収集して上に報告する専門職が設けられていた。

　国家の基礎の安定を維持するため、歴代の君主は選任の官員を民間に訪問させ、巷の歌謡を収集して、四方八方の風俗民情を把握する。風詩を採って観るという制度が形成されたのは西周の時代であった。周の王室には各種の「採詩官」を設けていた。太師は全国的な採詩作業を仕切る。諸侯国の詩を収集する作業は「行人」によって行われた。『礼記・王制』には、「太師を命じ、詩を陳し、以て民風を観る。市場に商人を取り入れ、民の好みを観る」という記載があった。古代君主は巡回狩猟を行うときの主な仕事の一つは官員を派遣して詩を採ってもらうことであった。巡回して詩を採ることの政治的な機能は風俗を観察し、善悪を審査し、民情を察し、民衆の好き嫌いを理解し、何が得か何が損かを知り、政策を正すことであった。

　マス・クリティシズムの一種のメディアとして、詩と民謡、特に政治評論に関する民謡と風刺詩は、民衆が時の統治者を風刺する最も直接で、かつ最も隠蔽されたチャンネルであった。孔子が編集し、中国最古の詩集と称された『詩経』の中の「国風」は、多彩な画面をもって各国のそれぞれの風俗を写し、労作する民衆の生活実態を

反映している。それ以外、「国風」には、大量の風刺詩を含んでおり、民衆の重税や労役に対する不満と鬱憤のはけ口となっていた。例えば、「七月」という詩は各季節における農家の生活を描いて、中には統治者と統治者によって課された労役に対する強烈な不満情緒を含んでいる。このような、詩をもって時世を風刺するという表現法はそれ以来延々と継承されている。唐代に至っては、杜甫のような現実主義詩人の集大成者が現れた。詩と歌を利用して、時弊を戒め、政府の圧迫と無能に対抗し、「国破れて家滅びる」ことに対する悲観を表すことが、彼らの文学作品の主題であった。

　1936 年、林語堂氏が著書の『中国新聞輿論史』の中で、以下のように指摘した。中国の人民は常にその政府の主な批判者である。官員に比べて、彼らは持続的で断固たる風刺者である。この事実は彼らの表向きの従順さによって隠されていただけである。いかなる審査制度も、いかなる独裁統治も、人民の内心で行われた政府批判を阻止することができない。民謡と風刺詩の隆盛は、これに密接な関係がある。中国人民は常に政府を考察し、彼らは統治者に対する批判を抑えることができない。

（2）諫言制度

　諫言は君主に対して一定の補正効果がある。春秋戦国時代、国と国の間の生存競争が激しく、諫言を求め、諫言を受け入れることは国家の興亡を左右する。各国は競って賢人を招き、諫言を受け入れていた。その時の諫言は、諫言を提出する専門職だけの仕事に限らないが、主な責任者は御史と監察官であった。御史は朝廷が任命し、その職能は公開もしくは非公開に調査を行い、中央高官と地方官吏を糾弾し、陳情を受け付け、冤罪を上訴し、直接君主に対して責任を負う。秦の始皇帝が天下統一した後、空前の中央集権国家を建てた。国家に対し有効な管理を行い、厖大な官僚機構をコントロールし、協調させ、統治者と被統治者の関係を調和するため、秦朝は、御史監察と諫太夫を主として諫官諫言制度を確立させた。秦漢から明清まで、御史の所属機構が変わったりしたが、その監察官体制は

保たれ、皇帝に直属の完全な独立機構に発展した。その規模は絶えず膨張した。御史制度は上層部の下部組織に対する監察制度であり、諫言制度は部下が上司に対し意見を訴える制度である。両者が相互補完し、封建統治を強化していく。

（3）新聞

　唐代の寛容的な輿論環境の中で、中国最古の新聞「開元雑報」が誕生した。内容は主に朝廷政治の記録で、形式は写本であった。現代新聞の標準からすると、これは本当の新聞ではなかった。宋代、中国の経済が発展し、朝報、邸報、報状、進奏院状報などといった官営の新聞が大きな発展を遂げた。それに伴って、詔令奏伝報と官報制度も確立した。閲覧する人は次第に増えたが、宋王朝の厳格な輿論コントロールによって、報道内容に厳しい制限が課せられた。それはまた宋代の民間タブレット紙の誕生を促した。しかし、このようなタブレット新聞が早くて遠くに伝播し、時世をいましめ、民衆の情感を扇動し、天下に動揺をもたらしたとして、政府の政令によって禁じられるようになった。しかし、内容が充実したゆえ、何度も禁止されては復活し、長らく繁栄して衰えを知らない。明朝では、言論制限が特に厳しく、監督されるような輿論が発表されることは稀であった。「廠衛」という厳酷な秘密警察制度が社会全体を窒息させ、民にとっては耐え難かった。このような専制独裁的な社会でも、新聞には、官員の不法行為に関する報道や、百姓が政府の横暴な搾取に反抗する事績、ないし、皇帝を批判する言論が現れた。これらは、輿論監督の内包と外延をある程度拡大させた。

　明朝の官報は習慣上「邸報」と呼ばれ、基本的には主管の監察機構「督察院」の「言官」によって仕切られる。

　清朝の官報は基本的に明朝の制度を踏襲した。ただ、社会輿論へのコントロールがより厳格になった。康熙、雍正、乾隆の三代の文字獄がその一例であった。したがって、その時代のタブレット紙や、民間出版の京報、地方出版の地方紙は、内容的には官報と一致しており、輿論監督の対象となり得るものは稀であった。

　清朝の後期、政府はアヘン戦争、中仏戦争、甲午戦争（日清戦争）、

義和団事件などによって大きな痛手を受け、中国は本当に存亡の危機に直面した。このような現実的な背景下、中国早期のブルジョアジーの発展要求が、封建統治と外国植民勢力による二重の圧迫と衝突し、輿論監督に近代的な社会をもたらした。

新聞業が勃興し、文人の新聞運営が主流となった。それと同時に、それらの文人新聞が文人の重要な輿論陣地となった。康有為、梁啓超らを代表とする維新派は、新聞を武器として、参政こそしなかったものの政治を論じ、文章によって国に貢献し、民のために請願し、民衆のために言論を立て、中国の腐敗した暗黒な統治と、帝国主義の侵略を厳しく批判し、民衆の苦境を代弁した。新聞界の申し子と称された梁啓超は、いち早く、輿論監督の意義について詳細な論評を発表した。1902 年 10 月『新聞叢報』第十七号に載った「同業諸君に敬告す」という文章で、梁氏は新聞に、政府を監督し、国民を導くという二つの天職があると述べた。多数の意見をもって輿論を健全化させれば、輿論をもって政府を監督することが可能となる。輿論監督の流れの中で、国民が政府を雇用し、新聞は国民を代表して政府を監督し、新聞が輿論を監督して、自らの責務を果たす。国民こそ、輿論監督の権力主体であり、新聞社は国民の意思を反映して、輿論監督を実施するメディアたる。新聞社が監督を実施することは、新聞メディアが輿論監督と輿論誘導の二つの機能をもつことを意味する。

（4）官員の巡回調査

歴代政府は専門的な官員を地方に巡回させ、民間に深く入り込み、実情を探求し、社会の輿情を把握する。これによって天子は宮殿を出ずとも、天下を治めることができる。

２．古代輿情表現制度

（1）諫鼓制度

これは中国最古の輿情表現形態である。太古の時代、堯帝が太鼓

を庭に設置し、民がそれを打って諫言を進することができる。その太鼓を諫鼓という。舜帝の時代は、道端に木の板を設け、民はそこに諫言を刻むことができる。その木を「誹謗木」という。以来、歴代王朝では、朝廷の外に太鼓を設け、諫言もしくは冤罪があれば、それを打って皇帝に聞かせることができる。北宋時代では、「登聞鼓院」と「登聞検院」の二重の陳情、提言受理機関を設け、登聞鼓院で拒絶されても、登聞検院にもう一回上訴することができた。清朝時代は、都察院にて登聞鼓庁を設け、その職能は北宋の時代のそれと似ている。

（2）吏民上書

　官吏もしくは民が文書で上訴し、国家の得失、政令の失敗、もしくは為政者の不当な言動を論じることは、社会輿情情報を伝達する重要なチャンネルである。吏民上書の根本的な目的は為政者を諫めることである。史書によれば、社会風紀の開放のもとで、吏民上書制度が漢代において発展を極めた。その時、吏民は職務の有り無しを問わず、どんな身分の人でも皇帝に直接上書し、社会の不公平を指摘することができた。四方八方の人達が上書して得失を論じ、その数、数千人に及び、道が混雑したという記載もある。後漢の時代に至って、朝廷が我慢できないほどになった。上書の内容は個人的なことが多く、それでも、得てして政治に関係があって、もし同一の社会問題をめぐって反対意見が多ければ、一種の社会意見が形成されたことを意味し、為政者はそれを通じて、社会下層の民意を把握することができる。

（3）建議制

　王朝時代、皇帝が定時に上朝し、官員の朝見を受けるか否かは、皇帝の善悪を評価する一つの標準となった。明朝の万歴帝は、二十年も上朝せず、官員を大いに悩ませ、後世に愚かな帝王というレッテルを張られた。朝議とは、大臣が朝廷で君主に会い、上奏して政治を論じあうことである。朝議においては、議題も参加者も限られ

ているが、ある程度民意を反映し、政治を直す効果がある。最高統治者の統治理念によって、効果も違う。例えば、後漢の後期に外戚が専権し、明朝の後期は宦官が朝議をコントロールし、結局社会を混乱させ、致命的な反乱が起きるに至った。

（4）清議制度

清議とは民間人が自主的に政治議論に参加し、世情民心を反映し、官員や政府への批判を行って、政治的な影響力を発揮する文化現象である。表現の形式として、清議は春秋戦国時代の百家鳴争にルーツをもつ。中国史上、大規模な清議制度は三回あった。後漢時代の太学生運動と、南宋末期の太学生らの主戦派清議と、明代末期の東林党事件であった。それらはいずれも学者を代表とする輿論団体が政治の乱れ、外敵の侵入、腐敗などの問題に対して、権益を独占するグループと戦う例である。最初は口頭の批判であったが、後に激しい闘争に発展した。攻撃された権力者は禁錮、処刑、流罪などの刑罰をもって学者らの攻撃を徹底的に阻止しようとした。学者らはおのずから団結し、正義のために戦い、敗北を認めようとしない。

国家官吏の予備軍としての士人にとっては、政治を議論することは、趣味でもあった。士人が団結して、強大な輿論団体を形成できたのは、やはり郷里の学校や書院などが自由討論の場を提供したからである。学校のこのような士を養って政治を論ぜる機能を、清朝学者が「明夷待訪録」の中で以下のように解説した。士を養うことは学校の一大事である。学校では、天子の観点を鵜のみせず、徹底的に検証するので、天子もそれを憚る。

しかし、政治権力の中心からかけ離れているので、士人の清議は、今日の新聞メディアのような強大な輿論監督機能を持たず、その効果も理想的ではない。君主専制の時代、国家の統治は皇帝一人によって決まる。皇帝が諫言を取り入れるか否か、および社会風潮は開明的か否かが、清議の最終的な効果を決める。しかし、人民が意見を表現する権利を守る法律の欠乏によって、保身を最優先して、政治と国家のことを無視する態度が学者の間で一般的であった。また、天子が民の声を聞こうとしても、そのチャンネル上に塞がる宦官や、

妃など天子を囲む者が必ずしも邪魔をしないとは限らない。

中国古代において、輿情は輿論監督の機能を果たしている。諫鼓制度は君主の失政を正し、清議、歌謡などは政治事件、現象、人物などを評価し、これらはある程度国家権力を制限し、政治を清める作用をもっていた。また、これらの表現は社会圧力のはけ口でもあった。

清議、歌謡などの輿論は、民衆の情緒を疎通、誘導し、警告を鳴らし、古代専制時代社会内部の自己調節のバッファーとなっていた。また、清議、歌謡らは官吏の仕事を考察する根拠ともなっていた。しかし、言論の自由が憲法によって保障されることのない君主専制の制度下では、輿情は共通認識になって、最終的に政策の決定に影響を及ぼすことは稀であった。

河川を管理するコツは疎通であり、民を統治するコツは言葉による疎通である。社会的ハーモニーを作り出して、そして保っていくためには、民衆の言論の自由と結社の自由を十分に保護し、制度化した民意表現ルートを設けて、新しいメディアの輿論表現と監督機能を発揮し、言論の道を広く開き、意見表明のチャンネルを疎通し、公共の輿論の社会監督の作用を実現させるべきである。

二 中国古代の輿情管理制度の利点と弊害

1 古代輿情制度の重要性

為政者は民意と輿情を知るために、何かの方法でそれを採取しなければならない。長い専制時代、王朝が更迭し、輿情に関する理念も絶えず発展し、諫言制度を中心とした輿情収集制度が形成された。それ以外に風歌採取制度、吏民上書制度、朝議制度、官員巡回制度があった。風歌採取は歴史のある輿情収集方法で、その目的は風詩を通じて政治を考察し、民情を考察し、民俗をしることである。風歌の中では、人々は比較的に自由に自分の思想を表現することができた。吏民上書の目的は統治者を諫めることであり、統治者が輿情を知る重要なルートであった。朝議は集団議論で、官員が政治を議論し、輿情を反映する場で、皇帝と民衆の間の仲介となっていた。

官員巡回は、政府が主導的に民間の輿情を収集する重要な措置で、探求する目的によって公開方式と非公開方式があった。

そういったシステムは太古から進化してきて、やがて太古時代の小さい国にだけ適合した制限を取り払った。

秦と漢の時代、空前の中央集権政権が確立した。それに伴って中央から地方まで厖大な官僚システムが成立した。秦と漢の制度は、周の制度から進化したものではあったが、官僚機構の管理、中央と地方の調整など新たな問題に対処しなければならない。それから唐と宋を経て、明と清に至って、御史と諌言制度が専制と民主の両面から独特の機能を発揮した。片方では、君権を強化し、官吏を自粛させ、汚職に対する恐怖感を植え付けた。片方では、民主的に政治を議論する細い道を開いた。後漢の思想家王充がその著書『論衡』の中で以下のように述べた。古の帝王を見ると、興亡あり、衰える原因は大体耳と目が悪くて、政治の得失を見失って、正直な者が言うことを憚り、邪悪な者が出世し、過ちを見えず、ついに滅亡に至ることである。それから見ると、古代のそれらの輿情制度は、政府の反省と改革を促す重要な効果を果たした。

2 古代輿情制度の欠陥

（1）チャンネルの狭さ

古代の帝王と思想家、論客は民意と輿情の把握が国を安定させるために非常に重要であると認識しており、社会輿情の収集と表現のチャンネルもたえず広げられていたが、総じてみると、古代の社会輿情の採取と誘導のパイプはやはり比較的狭く、全面的に、迅速に輿情を把握し、誘導することに耐えられなかった。輿情の把握と誘導は正常な社会管理の範疇の中に入れられていなかった。

輿論収集の時間も制限されていた。毎年春に木の鈴を道に掲げ、風詩を採取するというから、持続的な行動ではないことがわかる。官員巡回も時間によって制限されていた。数年に一回のようなことであって、一回の持続時間も短かった。ましてや、それらの官員は

えてして明確の任務をもっており、民意を知ることは付随の仕事にすぎなかった。一部の官員はいい加減な態度をとり、百姓の生活に入り込んで真の社会輿情を知ろうとしなかった。

県レベルの政府は現地の社会輿情を比較的に掌握している。しかし、県知事は自分の官職を保つために、自分に不利な情報を濾過する傾向にあった。この壁を破るために、上の官員の巡回を待って進言しなければならない。それはかなりの冒険であった。

輿論採取の範囲も制限されていた。適切な制度設計がなく、輿情採取は採取者の態度と活動範囲によるところが大きく、適当で偶然的であった。全面的で精確な輿情情報を採取するためには、社会各階層からの意見を述べさせなければならない。しかし、それは古代中国では不可能であった。範囲の狭さと随意性は、社会の一部の人たちの利益を代表する輿情しか集められない結果をもたらす。民衆の多くは不本意に代弁され、本当の社会輿情は隠され、もしくは曲げられた。言官制度は、設計本意がよくても、実際の運営において、えてして言官が偏見をもって曲げられた輿情を根拠に、個人やグループの利益を優先し、互いに攻撃しあって、党争になったりすることが多い。

輿論採取は主に士人階層と紳士階層の意見と情緒に焦点を当て、低層の民衆は重視されなかった。士人は政府と学校の二大系統で意見を述べることができた。普通の民衆も、太鼓を敲いて陳情することができたが、そのチャンスは微々たるものであった。まれに巡回してきた官僚に陳情できても、まじめに対処される可能性が低い。

個別案件が突発した時、紳士階層の意見は社会一般の意見に近ければ、事件の公平な解決に役立つかもしれないが、社会の異なる階層の間に利益の対立があれば、事件の解決が必ず統治者に有利な方向に発展し、社会的な劣勢に立たされた普通の民衆の利益は損なわれることになる。

このように、中国古代の輿情情報は、収集、分析などの面において局限性があって、不完全かつ不適格であった。

（2）輿情制度の随意性と不確定性

　史料の記載によると、先秦時代、統治者はすでに民意の重要性を意識し、各種の施設を設立し、民意を収集していた。民意という言葉が最初に登場したのは、戦国時代の『荘子・説剣』であって、その中で荘子は以下のように書いた。上では丸い天に従って、三種の光を受け、下では、四角い地にしたがって四つの季節に沿って、真ん中では民意を調和して四方八方を安定させる。中国の歴史上、開明的な政治家と思想家は民衆の力を認識し、「重民思想」を提出した。すなわち、民を元にし、民意に沿えば、民衆がなだめられ、天下泰平が実現し、国が長く安定することができるという思想である。古代の輿情思想は深くて透徹しており、積極的な意義があった。世情と民意を知るために、各時代に風詩採取、諫言、巡回、朝見など各種の輿情情報収集制度を設けた。

　『管子』の記載によれば、斎の桓公が管仲に天下を取る道を尋ねた。それに対し、管仲は民意を知ることの重要性を説いた。唐の太宗皇帝は、民を水に、政権を舟に例え、常に百姓の安寧を自分の責務と自覚し、節約に努め、税金と用役を軽くし、賢人を選んで政治を行わせた。清の康熙帝は、国家統治の真髄は民を養うことであると察していた。民を重んじる思想があれば、親民の態度をとり、民情を察し、民意に沿うことができた。それこそ、天下の目と耳を自分の物にし、天下の心を自分の心とする態度であった。

　しかし、中国数千年の政治文化において、主権は、皇帝一族の私的な職権とされ、公共的な権利ではなかった。歴代の思想家の眼中では、民意が重要ではあったが、主体ではなく、受け身であって、恩恵を施す対象に過ぎない。統治者は主権を持つ者として、上からの目線で民意を見ていた。君権に代表された政治権利はいかなる制約も受けない権利であった。もし君主は民意に沿った臣下の意見を聞かなければ、民意は空回りする。孔子の徳治主義にしても、孟子の「民貴君軽」思想にしても、荀子と唐の太宗皇帝の「君舟民水」思想にしても、「五子之歌」にあった「民は国の本と為す」という思想にしても、架空の君民関係の理想にしか触れていなかった。統

治者にとって、輿情と民意は統治の策略と手段を講じるための存在にすぎなかった。君主は輿情実現のキーであった。

輿情思想の施しは統治者個人の好みによる。したがって、危機感をもつ少数の明主を除き、統治者はえてして民意を見て見ぬふりする。もっと酷いのは、皇帝は宮殿の外の事情を知らない。社会の輿情は皇帝まで伝達することがなく、各地からの上奏文は抑えられ、絶対君主としての皇帝は架空同様にされてしまった。となると、国家は中枢神経が麻痺し、混乱と滅亡へと向かう。君主の親民、重民理念の有無、民情を体験視察する経験の有無、成熟した心理状態の有無、健全な人格の有無などが、輿情が実現されるか否かのキーとなる。それが古代輿情制度の随意要素と不確定要素である。

(3) 民本思想の局限性が輿情の主体の王権であることを決定した

中国の伝統的な政治文化において、開明的な政治家と思想家は、民衆の力を認識し、重民思想、民本思想、すなわち、民意に沿って民衆をなだめてこそ、天下泰平が実現し、国家がながらく安定するという考え方を提案した。歴代の統治者も大体、民意を表現させ、民意に沿った政治を行うことこそ、国家の繁栄を保障してくれると認識している。その上で、各種の輿情システムを設けたのである。それがある程度民主の利益を守り、社会の衝突を緩和し、専制統治の安全弁とバッファーの機能を果たした。

しかし、高度の専制君主制の下では、思想家達が重民を提唱しても君主を否定する意味ではなく、逆に君主に方策を提供し、重民を君主の地位を固める手段としている。統治者が民心を重視し、世情民意を察するのも、専制統治を維持するためであった。中国古代輿情思想の本質は、民による意思決定ではなく、せいぜい民のことも考慮した意思決定である。古代、王権を固めるために、歴代の君主は愚民政策をとり、臣民の思想と言論を厳格にコントロールし、民を現状に安住するようにさせてきた。政権が社会言論と輿情に脅かされたと感じたときは、各種の厳しい措置で、帝王の意思に背き、政権の安定を脅かす輿情を禁じてきた。

伝統的な民本思想は、主観的な価値観にすぎない。現実の政治を

批判し、理想への憧れに豊富な思想資源を提供したが、政治の現実に反映させることができず、政治制度の規範にもなりえなかった。輿情制度の指導的な思想である民本思想の局限性は、最終的に古代輿情制度が所詮専制帝王のためのものであって、本当の民意尊重、人民の意思による国家管理のためではなかった。

三　中国ニュース輿情監督と政府の応対

1　中国ニュース輿論管理の悠久な歴史

（1）ニュース輿論監督の定義

　ニュース輿論管理とは、ニュースメディアが国家の施政、国家機関、およびその人員に対する監督である。大衆メディアが出現する前、輿論伝播の速度、範囲、および正確さはいずれも限られていた。而して、大衆メディアの出現後、特に現代社会では、情報の伝播が速くて、便利になった。人々は大衆メディアを通じて、自らの意見を表現することができ、大衆メディアの役割は大きくなりつつある。輿論監督は、すなわちメディア監督であり、これは、輿論界に広く受け入れられる、狭い意味での輿論管理である。

　カール・マルクスは、以下のように述べた。「新聞雑誌の使命は、公衆を守り、権力者を絶えず暴露する目となることである。」この論述はニュース輿論監督の本質と主体を明示した。輿論監督の威力はニュース自身からではなく、ニュースの背後にある民意から来るものである。ニュース輿論監督の権力主体は民衆であり、ニュースメディア自身特有のものではない。

　現代民主政治は、権力に対して、公開性と透明性を求めている。人民がその知る権利、言論自由の権利と参政権をもって、公共権力の運営を監督し、人民と権力の両者を結び付けるのは公衆メディアであり、輿論監督である。したがって、輿論監督は、国の公共権力の正当行使の重要な保障である。

(2) ニュース輿論監督発展の経緯

百年前の中国では、新聞や雑誌を輿論とみなす現象があった。新聞業の勃興によって、文人たちは、新聞や雑誌を政治を論ずる場所とした。彼らは輿論を武器に、統治者や各種の暗黒な勢力、および社会の不公平現象を暴露して批判し、輿論監督という言葉に近代的な意味合いを持たせた。西暦 1896 年、維新派団体強学会の機関紙「強学報」は、その創刊号に新聞社の開設を議論する文章を発表し、はじめて、新聞雑誌が社会の不良現象への批判と政府、政党への批判の機能をもつことを唱えた。

1902 年 10 月、輿論界の申し子と称された梁啓超氏は、『新民叢刊』にて「我が同業諸君に敬して告げる」という文章を発表し、新聞メディアに輿論監督と輿論誘導の二大機能があると釈明し、新聞社の輿論監督の巨大な威力を称賛した。

1912 年 3 月、「中華民国臨時約法」が公表され、言論出版自由の原則は法律として確定された。新聞記者は、無冠の王、開廷しない最高裁判官と自任し、輿論監督と国民誘導の天職を迷わずに担った。しかし、辛亥革命の成果が袁世凱によって盗み取られたのち、報道の自由は無情にも当局に奪われてしまった。

中国共産党が成立して以来、マルクス主義の関連理論を継承し、自らの輿論巻頭思想の理論的根拠とした。新中国が成立したのち、共産党中央が一連の綱領文書を発表し、輿論監督の基本的な形は新聞による批判であることを確立した。其の後、人民日報を代表とする主流メディアが輿論監督と批判の機能を果たした。

1987 年、共産党の第十三回大会の政治報告の中で、近代的なニュースと宣伝ツールを使って、政務と党務の報道を増やし、輿論監督の機能を果たし、政府の欠点や錯誤に対する民衆からの批判を支持し、官僚主義など各種の不正と戦うことが提案された。これは中国共産党の歴史上はじめて輿論監督の機能を全国代表大会の報告の中に記述したことである。それから、輿論監督が正式に中国共産党の政治理論の用語となり、中国の政治生活の中に入って、最終的に中国の民主主義に溶け込んだ。更に 1987 年を境に、輿論監督と

いう言葉がメディアに登場する回数が急激に増えた。

　1998 年、当時の国務院総理朱鎔基が中央テレビ局を視察し、輿論監督が中国の民主主義と法治において重大な意味を持つことを指摘した。輿論監督によって、仕事上の問題を矯正し、民衆の声を反映し、全国人民を鼓舞し、強大な結束力を形成させ、各種の仕事をよりよくやり遂げる。彼はさらに「焦点訪談」という番組で編集者や記者たちに対して、輿論によって政府を監督することの重要性を強調した。その後数年間、テレビの輿論監督においての優位性がメディアの中で目立った。「焦点訪談」、「ニュース調査」、「ニュース 30 分」などの番組は政府と民衆に対して大きな影響力を及ぼした。それと同時に、『人民日報』、『中国青年報』など紙のメディアも競って輿論監督を強化した。例えば、『人民日報』の南丹鉱山事故調査、『財経』雑誌のファンド黒幕暴露、西安の『華商報』と北京の『中国青年報』による山西天竜、富源、繁峙鉱山事故スキャンダル暴露、『中国経済時報』記者王克勤氏の北京タクシー業独占経営の黒幕暴露など、政治管理と社会生産の色々な側面にスポットライトを当てた。

　新世紀以来、共産党中央は輿論監督の制度化を強化した。2003 年、共産党中央は「中国共産党党内監督条例」を公表し、初めて輿論監督を党の法規に取り入れ、それを規範化、制度化した。2005 年、中国共産党中央弁公庁は通知を出し、各レベルの党委員会と政府に対し、ニュースメディアによる輿論監督を支持し、それに対する管理も強め、ニュースメディアの社会的な役割を強化するよう要求した。

　それからメディアは輿論監督を広く展開し、有名な番組でも放送された。ニュース輿論監督の雰囲気もよくなってきた。ユース輿論監督の範囲が広がり、方式も多様化した。ネットメディアの勃興は、ニュース輿論監督に新しい活力を注いだ。それと同時に、ニュース輿論監督の仕事は政府部門によって制度と政策面において支持され、未曽有のスペースを獲得した。若くて、知識レベルが高く、政治素質良好なニュース輿論監督チームが出来上がった。ニュース輿論監督の影響力が大きくなり、民衆からの注目度も高くなった

　中国の輿論監督の発展を見ると、輿論監督はニュースメディアの伝播機能の一つの有効な延長であり、ニュースメディアがもつ独特

の力である。その誕生から、それは国家機関とその要員を監督の重点的な対象とし、民衆に政府事務、社会事務を理解してもらうことを補助し、それらを法治の方向へ向かわせる社会行為の権利である。近年、中国のニュース輿論監督は大きく発展し、人民代表大会による監督、政治協商会議による監督、行政監督、社会団体監督などと密接に協調し、国家の政治生活、社会生活の中でますます重要な役割を果たし、公共権力を監督し、社会公正を維持し、民主主義を促進することにおいてますます顕著な役割を果たし、各レベルの指導者からの注目も集めている。

　政府はニュースメディアとの関係をいかに処理し、ニュースメディアの輿論監督にいかに対応し、いかに輿論を誘導するかは政府の重視されるべき研究課題にもなっている。

2　政府の態度転換：直視できないから積極的に適応するへ

（1）政府がニュース輿論監督を直視できなかった過去

　伝統的な行政モデルの下では、政府官員の頭の中では、民を臣民とみなす官本位の思想があって、輿論監督を十分重視せず、それに敵対する態度をとったりすることもあった。ある官員はニュースメディアとの付き合いを苦手にし、突発事故の時には、メディアを回避し、情報を封鎖する傾向にある。政府による一連の公共事件の際の失言、欠席は、権威的な情報の公開ルートを絶ち、逆に風説に先手を取られ、輿論監督の難度を増やし、同時に政府のイメージを低下させた。インターネットメディアの時代に突入してから、ネットに浸った民衆は官僚主義的ないかなるごまかしにもすぐに気づき、質疑と批判を起こす。政府の曖昧な処理と輿論封殺のコストが高くなり、効果もよくない。輿論監督は紙面を超えて、テレビ画面、パソコン画面に達し、地方政府がネガティブな情報を封殺する可能性もなくなっている。地方政府が敢えて情報を封殺しようとすると、逆により大きな輿論危機にさらされて、公信力が失墜してしまう。それでは、民衆の質疑がなくならず、逆に地方政府が法律を無視し、汚職官僚を庇っているというネガティブなイメージが先行してしまう。

2003 年 3 月 17 日夜 10 時頃、孫志剛さんが外出し、途中で広州市天河区黄村派出所の警官に身分証明書の提示を求められ、それを携帯していないから、不法流民として派出所に連行された。翌日、孫さんは収容所に送られ、その晩、具合が悪いとして広州市収容人員の救助病院に移送された。20 日早朝、孫は同じ病室にいた 8 人に殴打され、当日午前 10：20 に死亡した。4 月 18 日、中山大学中山医学院の法医の検定によると、孫さんが死亡前 72 時間以内に酷く殴打されたことになる。しかし、救助病院が出した死亡証明書では死因が心臓病とされた。4 月 25 日、『南方都市報』は、この事件を報道し、孫さんの無残な死を始めて暴露した。それと同時に新華社、中央テレビ、人民日報、工人日報など中央レベルのメディアも次々と参加して、追跡報道をした。中央レベルのメディアの参入はメディア輿論監督の気勢を上げ、全国的な輿論監督を形成した。同時に、大量のネットユーザーもネットプラットフォームを利用して、自らの意見を発表した。

　高まりつつある社会の輿論の攻勢に直面し、中央および広東省の指導者がこの案件を徹底的に調査し、厳格に処罰するように指示した。6 月 9 日、孫志剛案の一審判決が出た。主犯三人は死刑と無期懲役に処せられ、その他の被告人 9 人も懲役などの刑罰を受けた。案件に関わった警察官、救助病院の責任者、医者、看護士など 6 人も職務を怠ったとして有期懲役などの刑罰を受けた。『南方都市報』の初回の報道から一審判決までわずか一か月半で、事件が収まった。三か月後、国務院は 20 年以上存在した都市流民収容法を廃止し、新しい都市生活困窮者救助管理法を公表、実施した。

　しかし、メディアがこの事件を報道する前、孫さんの家族が広州で 30 日以上奔走し、数十の部門を訪ねたが、誰一人として、家族に、実情を知らせる人はいなかった。

　この事件を見ると、ニュース輿論監督の迅速かつ有効な力が分かった。それと同じ年にネット輿論に多くの話題が浮上した。焦点も底辺の取り残された人たちから社会の発展、国家の建設、改革、社会政治の安定化など主流の話題に転換した。ネット輿論が初めて政府とその政策に影響を及ぼし、公共権力と権威を監督、牽制し、

輿論の強大な圧力をもって司法公正と社会の公平を促すようになった。例えば、SARS 爆発、孫志剛案、劉沸案、イラク戦争、BMW が人をはねて死なせた案件などにおいて、ネット輿論が事件解決の決定的な力となった。

(2) 政府のニュース輿論監督への重視が絶えず強化されてきた

ニュース伝播事業の発達に伴って、中国ニュース輿論監督の視野はグローバル化し、その構造も複雑になり、主体の多元化と視覚の深層化が顕著になり、政府のおかれた輿論監督環境がますます透明になりつつある。メディアの輿論監督に対し、各レベルの政府と人員はどんな態度で対処するかは、政府のイメージと施政の効果に関わることである。ニュース輿論監督における政府の応対は、政府、メディアおよび学界の注目すべき問題である。

共産党第十六回大会の報告がこのように提言した。社会主義民主政治の発展において、もっとも重要なのは、党のリーダーシップを堅持することと、人民を主人にすることと、法による支配を有機的に結合することである。

2003 年、中国民間初の輿論監督ウェブサイト「中国輿論監督網」が成立し、民衆に言論を自由に発表し、事件を監督するプラットフォームを提供した。2005 年 12 月 28 日、共産党中央紀律検査委員会と監察部は検挙センターのウェブサイト http://www.12388.gov.cn を公開した。2006 年元旦、中華人民共和国中央人民政府のポータルサイト http://www.gov.cn が正式に開通し、何度も国務院の専門会議をネット中継し、全国人民の監督を受ける。其の後、中央から地方に至って、各レベルの人民政府とその職能部門はみなポータルサイトを開通し、ネットユーザーの監督を受け、互いにインタラクティブな関係を築いている。

この他、中央政府とその重要機関は、輿論監督を保障する一連の制度を打ち出した。2008 年 5 月 1 日から、「中華人民共和国政府情報公開条例」を施行し、メディアが政府を監督することを促進し、問責と監督が制度化されつつある。2009 年 4 月 13 日、国務院ニュース弁公室は、「国家人権行動計画（2009 年—2010 年）」を発

表し、法によって記者の取材権、評論権、発表権を保障することを明確に打ち出した。共産党内の輿論監督もその第十七回大会の第四次全中会の決定に取り込まれ、輿論監督は党内の重要な制度となった。2009 年 12 月 8 日、最高人民法院は「人民法院がニュースメディアによる輿論監督を受けることに関する規定」を公表し、人民法院がニュースメディアによる輿論監督を受けて、法院とメディアとの関係を妥当に処理することの規範を示した。

　ニュース輿論監督における政府の応対は、各種の輿論監督の圧力を緩和し、社会的矛盾を解決し、公衆の力と意思を統一し、共産党の統率に有利である。それと同時に、政府は、人民に監督権行使のドアを開けて、民衆との対話と検討を展開し、人民が主任となる権利を実施する。合理的で有効な政府応対行為は輿論監督とともに、メディア、公衆の政府に対する監督の視角を多様化し、深度を掘り下げ、質を高め、政府の透明性を促成した。しかし、もし逆に政府の応対行為が合理的でなければ、輿論監督の発展を阻害し、輿論の方向性を事実上偏らせ、期待通りの輿論効果が得られず、政府のイメージを損なうことになる。

　現在の輿論環境下では、各レベルの政府部門はみな輿論が社会管理および政府のイメージにとって重要であることを認識している。特に突発事件の際、社会管理者もメディア輿論を利用し始め、情報発信と意見表明における自らの優位性を発揮し、公衆の支持と賛同を獲得し、輿論を良い方向へ誘導する。メディアルートへの応対において、政府は伝統的なメディアと新興メディアを同様に重視し、その上で、ネットなどの新媒体の把握をより注目し、政府のサイト、フォーラム、ブログなどを利用し、ネット輿論監督に応対し、ネット共鳴秩序を作り出す。

第2節
輿情管理は国家安全と政府施政の前提

一 輿情管理の政治的需要

　国家安全とは、経済、軍事、政治、外交などあらゆる手段で国家の存続を維持することである。近代的な国際関係システムは、国家を単一のアイデンティティとして構成される。政府、国民、領土と主権は国家が存続しえるかどうか、その存在が国際的に承認されるかどうかを判断する基本要素と基準となる。したがって、国家安全の核心は国家主権と国家利益を維持し、政治安全と軍事安全を維持することである。国家の政治安全の内面は、政治の安全と発展とのダイナミックな均衡と良性の相互作用である。外から見ると、政治安全は国体、政体、国家の構造と形式、およびイデオロギー、政党制度など種々の要素の協調と統一である。政治上の独立と自主権は国家安全の基本前提であり、民族と国家の生存、政治制度とイデオロギーの安定は、政治安全の直接な目標である。政治革新と国家の持続可能な発展は政治安全の長期的な目標である。政治安全は、主権独立、領土安全、政治制度の強固さ、イデオロギーの安定、政府の権威性などの要素を含む。

　世界で数少ない社会主義国家として、中国は従来、米国を始めとする西側資本主義諸国から、政治、経済、文化、軍事など各方面において、圧力を受けてきた。近年、中国改革開放事業の絶えぬ深化とネット技術の旺盛な発展に伴い、民衆の参政積極性と主導性が強くなりつつあり、チャンネルも多様化した。注意すべきは、インターネットメディアが民衆に社会管理と公権力監督のための利便性を与えたと同時に、西側および中国国内の敵対勢力に隙を与え、中国の政治安全を脅かしかねない。特に危害の大きいのは、彼らが人民内

部の矛盾を利用し、西側のいわゆる普遍的な価値観を宣伝し、中国国内の西側寄りの民意代表者を育て、中国のイデオロギーの主導権を握り、共産党の執政基礎を揺るがすことである。それと同時に、国内に発生したホットな問題の処理を間違えると、各種のメディア、特に独立系のメディアによって悪影響が拡大し、社会のハーモニーと安定に影響を与えてしまう。

1　輿情が政治制度の安全に対する影響

　政治制度は政治活動を巡って形成されたあらゆる政治システムの総称であり、通常、国家政権の組織形式、すなわち政体を指す。広義的には、政治分野の各種の制度を含む。政治制度の安全は国家整形と国家の根本的な性質を反映する政治制度が破壊されずに、安定と発展を維持していることを指す。国家の主権安全は、国家が独立に、自主的に内外の事務を処理する最高権力と根本権利が脅かされないことを指す。その中にはふたつの意味がある。一つは、国家が対外政策を独立に制定し、平等に国際事務に参加し、外敵からの侵略を受けないことであり、もう一つは、国家政権が安泰し、自国の社会政治、経済、文化などの制度を自主的に選び、自国の発展モデルを確定することである。主権安全を守ることは、一国が自由に政治制度を選ぶ権力で、政治制度の安全を守ることは、一国が現存の政治制度の安定性を守る権力である。

　ネット時代に突入する前では、情報の公布は政府によって独占され、政府は情報の選択と濾過によって社会輿情の有効なコントロールを実現し、政権の安定と政治制度の安全に有利な輿情環境を作り出すことが可能であった。しかし、インターネットの出現は政府の情報に対する独占権を打破し、政治安定に不利な情報を封鎖することを難しくし、国内外の各種の敵対勢力に隙を与えてしまった。もっと重要なのは、インターネットのグローバル性と開放性によって、グローバル化の理念が高揚し、市民の民族意識や国家観念が薄まり、無政府主義の流行をもたらし、政府の権威を揺るがしている。さらに注意すべきは、ネットの快速、高効率などの特徴によって、個人

の意識が短時間で広く伝播し、群衆による群衆の認識に発展し、強大な社会的影響力を形成し、政府の決定に圧力をかけることが可能になった。もっとも典型的な例は、チュニジアに起源する「アラブの春」である。

「アラブの春」の導火線はチュニジアに発生した一件の焼身自殺事件であった。2010 年 12 月 17 日、26 歳の若者モハメド・ブアジジは不景気で仕事に着けず、重圧の下で行商を始めたが、警察と市の職員に乱暴され、焼身自殺をもって抗議し、死亡した。其の後、大規模な街頭デモが発生し、民主主義を求める活動になった。失業率の上昇、インフレ、政治腐敗、言論の自由の欠乏、生活条件の厳しさなどがこの事件の時代背景であった。このデモの波は、この 30 年近くチュニジアでもっとも大きな社会的、政治的動乱であり、数十人の死亡と負傷をもたらした。2011 年 1 月 14 日、ベン・アリ大統領が一連の措置をとった後、サウジアラビアに逃亡し、23 年にわたる執政に終止符を打った。この事件は政権の崩壊をもたらし、アラブ国家の中で、初めて人民の蜂起によって政権が倒れた革命となった。

2012 年 1 月 25 日、エジプトにデモの波が起こり、18 日間も持続した。1 月 28 日深夜、ソーシャルネットワークサービスを利用した抗議者の組織力を抑制するために、エジプト政府は、国のインターネット接続の切断に成功した。当日、数万人のデモ者が主要都市の街頭で抗議し、ムバラク大統領は政府を解散し、新内閣を任命した。ムバラクは 30 年近く政権の座にあって初めて副大統領を起用した。最後に、絶えず高まりつつある民衆の抗議活動によって、2012 年 2 月 11 日、ムバラクはやむなく大統領を辞任し、権力をエジプト軍部に渡した。

チュニジア政変成功後、2011 日 2 月 15 日にリビアに反政府抗議活動が始まった。1 月中旬、イェーメンの北部と南部の多くの町にも抗議活動が勃発し、最終的には、サリハ大統領が辞職し、33 年間におよぶサリハ時代に幕を下ろした。2011 年アラブ世界に発生した激変は、チュニジアから、エジプト、リビア、イェーメンへと、戦火がおよび、リビア国内の反対勢力にも台頭のチャンス、自信と

希望を与えた。

　中東と北アフリカのこの動乱の背後に、社交ツールであるフェイスブック、ツイッター、動画投稿サイトであるユーチューブなどが情報の発信、連絡、輿論誘導など重要な役割を果たした。それによって発生したネット輿情は政権交代に直接影響を及ぼした。

　チュニジアのジャスミン革命では、アリをはじめとする 15 人のネット活動家は、SBZ ニュースチームを組成し、当局のフェイスブックに対する封鎖を突破し、全国各地で収集したニュース報道、画像と動画をフェイスブックにアップロードし、同時に、ツイッターの更新によって、当該チームのフェイスブックのページをジャスミン革命の中でチュニジア国内の民衆の主な情報源にした。動乱の初期、チュニジアの辺鄙な場所では警察がデモ参加者を殴り殺した事件があった。これらの事件はネットを通じて、瞬間的に全国に伝わり、民衆の政府に対する怒りを刺激した。オフラインの抗議活動とオンラインの輿情連動が一体化した。ネット輿情の激しい発展によって当該国に安全情勢がさらに複雑になった。ツイッターは、毎日数百万件のニュースを発信し、ユーチューブは、分ごとに 10 時間の動画を表示し、一辺倒のネット輿情は迅速に形成し、政府に絶大な圧力をかけた。集められ、拡大されたネット輿情の作用で、2011年 1 月 21 日、チュニジアに大規模なデモが起きた。

　エジプト動乱の初期段階では、グーグル社の北アフリカと中東市場の責任者コナム氏はフェイスブックに、「我々はみなハリド・サイドだ」というページを作り、警察に殴り殺された青年サイド氏を記念する。そのページは迅速に伝播し、大量のレスポンスを得られ、そのフォロワー数が忽ち百万人を超えた。エジプト抗議活動のネットプラットフォームはそれによって形成された。したがって、ネット上に「ムバラク大統領の息子がすでにエジプトを脱出した」というニュースが流された時、虚偽なデマであったにも関わらず、急速に広がり、反対派の力と声となり、ムバラク政権の基礎を揺るがした。それと同時に、参加者たちに自信を与え、情勢を把握しようとする各種の政治勢力への挑戦を試みさせた。其の後、フェイスブック上に「1 月 25 日のデモにいこうか」という質問に、瞬く間に 9

万人以上のエジプトネットユーザーが支持すると書き込み、グループ極端化現象を迅速に形成し、最終的には、2011年1月25日にエジプト30年以来最大の反政府デモを引き起こし、ムバラク政府の崩壊を直接もたらした。

そこで見えたのは、中東、北アフリカの動乱の背後には、米国など西側諸国がネット輿情を利用して、中東の「独裁国家」を転覆しようとする新しい外交動向である。チュニジア政局不穏の間、米国国務省はツイッターなど社交ツールを布教した。国務省報道官フィリップ・クローリ氏はツイッターで伝言を残し、米国の政策立場を宣伝し、チュニジア当局に自制と改革を求めた。米国当局のこの一連の行動は、疑うことなく、チュニジア国内のネット輿情の形成、拡大と激化に寄与した。これでわかるように、米国は特定の国家のネット輿情を誘導、制御することをその外交戦略を実現するための手段としている。

2 国家主権安全に対する影響

現代社会はメディアの社会である。人々が認知している社会はメディアの設置によって写される社会である。大衆メディアは人々に宗教、言語、教育、生活様式、映画、テレビ、新聞、ネットなど各方面の内容を伝えている。近年、西側主導のネット世界では、西側の普遍的な価値が主導的な地位にあり、他の文化圏の国際対話空間が西側の価値観から影響と侵略を受け、縮小しつつある。一部の国の民衆は自国政府の合法性を疑うことになり、その国の根幹を脅かしている。また、メディアの伝播と影響で、国家が国際規範を作る力と政治議題を決める力を持つようになる。もし、一国がネットを通じて、国際規範と国際制度を主導し、世界政治のアジェンダを左右すれば、他の国の人々の意向と国家認識に影響を及ぼすことができ、ソフトな力、もしくは制度権力を持つようになる。現在の国際政治情勢の中で、誰かが大衆メディアのチャンネルと資源を最大限に利用できれば、国際規則と政治議題を決める対抗の中で先手をとり、主導的になる。逆に大衆メディアの資源を有効に利用できない

国は、受動的になり、その国家主権は大きく制限されてしまう。

　ネットメディアは伝統的な新聞、放送、テレビと異なる第四のメディアとして、猛烈に発展し、多くの国を窮地に立たせた。一方、インターネットの潮流によって、いかなる国も外部との通信チャンネルを断ち切ることができない。それどころか、国際間の情報の流動を促進しなければならない。他方、国家の主権が政治伝播によって侵され、情報に対するコントロールを失ってしまうことも心配すべきである。したがって、ネット輿情は国家の情報統制力をさらに弱め、国家主権が相対化の傾向にあり、国家政府はつねに大衆と他の国および非政府組織の監督下にあり、その内政と外交の透明度がますます高くなり、牽制されることも増え、伝統的に中央政府に独占される内政における最高政治統治権力も個人や企業、および地方政府にシェアされてしまう。それと同時に、国家が国内事務を処理する最高権力を行使する場合、外部から牽制を受けることになり、国家主権が内部と外部の二つの方向へ分散されてしまう。また、強い国と弱い国とは事実上不平等になる。これが争うことのない事実であり、ネットを代表とする情報技術はこの不平等を更に拡大させた。

　2009 年 6 月 12 日、イランでは、第十回大統領選挙が行われた。保守派候補で当時現職の大統領アフマディネジャドと元首相ムーサビーの一騎打ちとなった。この選挙に対して、イランの民衆は空前の情熱で臨んだ。しかし、6 月 13 日にアフマディネジャドが圧倒的な優勢で勝利したと宣言すると、国内の保守派と改革派の間に争いが激しくなり、抗議活動が勃興した。イランの内外から大量の情報がネット上に氾濫し、最終的には、世界が注目するイラン選挙危機をもたらした。

　後に披露された情報から見るとわかるように、米国を始めとする西側諸国がこの選挙危機の背後で重要な役割を果たした。まず、米国などは、イラン大統領選挙当日の夜に、携帯やネットなどの方式で、イラン憲法監視委員会がすでにムーサビーに選挙で勝利したことを通知したというニュースを流し、選挙結果に対する先入観を人々に叩き込もうとした。それで数時間後イラン当局がアフマディ

ネジャドの勝利を宣言すると、真実であるにもかかわらず、うそや陰謀と思われた。先入観があるゆえに、改革派の民衆は選挙結果を信用せず、一部の社交ツールのユーザーが大量の青年を扇動し、大規模のデモや集会を引き起こした。ネットがイラン反対派の重要なツールとなった。彼らはフェイスブック、Flickr、ユーチューブ、ツイッターなどを通じて、情報のやりとりをした。2009 年 6 月 15 日夜、ツイッターでイラン選挙をラベルとする情報は分ごとに 30 というスピードで増えた。ネットを通じて、米国など西側諸国は民衆を惑わすことに成功した。民衆は自国の官製メディアを疑い、外部からの情報を鵜のみにした。動乱がひどくなるにつれ、イラン政府は 6 月 16 日にとうとう外国記者のデモ報道を全面禁止した。外国記者は電話、携帯、ウェブサイト、個人ブログなどのチャンネルでデモの情報を収集し、特にネット、ツイッター、ユーチューブなどでは、テヘラン街頭のデモの写真、および衝突、負傷状況が伝わり、西側メディアの重要なソースにもなっていた。ユーザー名が 2Hamed とするテヘラン大学の学生がツイッターで以下のように書いた。「政府に殺された大学生デモ者の遺体が秘密裏に埋葬された」と。ある大学生は以下のように書いた：「大多数の都市では、革命親衛隊はデモ者に向かって発砲し、すでに 20 人以上が被害を受けた」。また、あるイラン人は EMAIL にて、映像と動画をアップロードできないからニュースメディアに渡して、暴露してくださいと、外国の知り合いに要求した。同時に彼らはテヘラン大学の寮が襲われた時とされる写真を大量に送った。これらの発信者を保護するために、CNN は彼らの実名と所在を明かさなかった。これらのニュースと画像と動画はネットユーザーに提供されている。今回のイラン大統領選挙において、米国は高い情報技術を利用して、話題を設定し、反対派の輿論形成を誘導し、イラン政府との意見衝突を引き起こし、選挙に影響し、イランが独自に主権を行使することに厳しい状態になった。

近年、各国政府は、社交ネットワークなど新しいメディアによって生じるネット輿情が国家安全、とくに主権安全に対する影響を重視し、政府の監督と企業の自主監督などの総合的な対策をとり、ネッ

ト輿情の管理を強化し、外敵や内部の反政府勢力のネット浸透と転覆に対抗できるネット堤防を建て、自らの主権安全を守ろうとしている。

3 イデオロギーに対する重要な影響

イデオロギーは社会経済形態と政治制度を系統的に反映する思想体系であり、一国の人民を団結させる重要な精神的力であり、国の政策に重要な影響を及すばかりか、国家政治の安定と社会安定にも重要な影響を及ぼし、強い浸透力を持ち、外来思想に抵抗するだけではなく、他国のイデオロギーを瓦解し、国際的政治力を再編させ、国際政治情勢に重大な影響を与えることすらあり得る。イデオロギー安全とは、一国の主導的な思想と政治イデオロギーが侵されることなく、安定的に存在し、健康に発展していくことである。現在、ネット技術の発展によって情報のグローバル化が実現され、それは、とりもなおさず、イデオロギーの伝播を容易にした。西側先進国は、先端の情報産業を利用して、彼らの文化を世界に伝播し、彼らのイデオロギーを浸透させ、国際政治舞台におけるネット覇権を握っている。この情報技術対抗戦で劣勢に立たされた国は、やむなく情報技術強国の情報伝播規則を受け入れ、その市民が情報技術強国の思想、文化、価値観とイデオロギーに影響され、自国の思想文化、価値観とイデオロギーが知らぬ間に同化されるしかない。輿情は社会イデオロギーだけではなく、独立のイデオロギーであり、他のイデオロギーに比べると、集合性、発散性、表層性、即時性などの特徴を持つ。輿情浸透はあらゆるイデオロギー分野に行われ、すべてのイデオロギーに密接で有機的な関係を持ち、しかも互いに独立に存在する。輿情は事実に対して道徳的な判断を下し、事実を道徳によって整理し、どんな事実を注目すべきか、どの角度から注目すべきかを判断する。

これらの事件を見るとわかるように、人間がもっているある種の見解は、必然的に国家、もしくは民族の政治、道徳、宗教、文学、芸術、法律などイデオロギーの影響と支配を受けている。イデオロ

ギーは人々の世界観であり、価値体系であり、人々が各種の社会現象を評価する基準である。ゆえに、人々のあらゆる思想と意識活動はイデオロギーの支配と影響を受けている。輿情は意見の集合として、その形成過程において、自ら思想理論の指導を探し求めることになる。それに、オピニオンリーダーらがある種の理論をもって誘導すれば、イデオロギーが輿論の理論基礎に染み込むことになる。もちろん、輿情は一方的にイデオロギーの影響を受けるのではなく、その独特の方式でイデオロギーを擁護したりすることもできる。輿情は客観的な世界を反映する時、各分野で起きたばかりの重要事件を捕らえ、各分野の最新の動きに触角を伸ばし、これらの領域の表層を占領しようとする。これらの最新動向、最新のヒントは必ず専門家、学者と関係部門の注意を引き、深層の思考と研究を促し、もとのイデオロギーの成果を前へ推進しようとする。よって、ネット輿情はある種のイデオロギーの発展と変化の先導となる。

中国は西側主導の国際社会に属せず、その政治制度もイデオロギーも西側諸国と異なる。よって、西側諸国は常に中国の政治制度とイデオロギーの合法性に疑問を呈す。それに加えて、中国は発展中の大国であり、国内の民主と法治はまだ整っておらず、経済発展が必ずしも均衡ではなく、貧富の格差が激しいことも、彼らの疑問の口実になっている。特にインターネットの発展に伴って、外部からの情報がネットに充満し、西側諸国は、インターネットを媒介として、中国国内の経済社会問題をネガティブに報道し、中国の政治と社会を貶める。大量のネガティブな情報がネットに充満し、中国国内の民衆に影響を及ぼし、政治制度とイデオロギーを疑問視させ、国家政治安全にリスクを与えている。

西側の反中勢力は、インターネットを利用して、中国に輿論浸透と文化侵略を行っている。虚偽情報と反動的な言論を散布することは、彼らの主要の手段である。彼らは海外に設置されているポータルサイトと専門機構を通じて、大量のネット偽客を雇い、社会的にホットな事件を大いに喧伝し、ネットデマを伝播し、中国の社会制度、政治体制、経済モデルを攻撃し、中国の特色をもつ社会主義建設の成果を抹殺し、西側資本主義の虚偽の文明を美化する。イデオ

第1章 輿情管理概論

ロギーと社会心理、思想文化の分野でいざこざを引き起こし、大きな興論脅威を形成させ、中国の政治生態環境に消極的な影響を与える。

　2011 年 2 月、ボイス・オブ・アメリカ（VOA）が中国向けの放送を停止したことが、広く議論された。VOA は米政府が 1942 年に巨額な金を投じて設立し、社会主義国家を主要な浸透対象とした対外放送メディアである。70 年以上に渡り、VOA は米政府がイデオロギー分野でも重要な武器として、ソ連・東欧の激変、中国の天安門事件など重大な政治事件において所在国に巨大なネガティブな影響を与えた。VOA のトップが認めたように、我々が重点をデジタル分野に移したのは、インターネットこそ我々が接触すべき群衆が活躍する場所だからである。米国など西側諸国の政府、団体、会社、もしくは個人は、ネットの開放的で柔軟な管理体制および効率の高い運営メカニズムを頻繁に利用し、中国国内の住宅区画整理、人権擁護、独立系選挙候補などホットな事件と敏感な話題を喧伝し、自由、民主主義、平等など西側の価値観を宣伝し、ネットを各種の政治デマの重要な源流とし、中国のイデオロギーに厳しい衝撃を与えてきた。例えば、2008 年ラサの 3·14 暴力事件の後、西側世界のネット興情はほぼ一辺倒に中国を非難し、中国の力が北京五輪に集中している隙を乗じて、オリンピック議題の政治化、イデオロギー化をはかろうとし、中国に譲歩を迫った。フランスのサルコジ大統領は、ダライ・ラマと中国政府の対話が進展した場合のみ、北京五輪の参加を考えるとまで言い放った。中国政府がチベット独立の暴力活動を規制する行為が、西側主導のネット興情の中では、中国の人権状況を攻撃する材料となっている。

　西側の価値観がネット仮想世界の主導的な地位を占め、中国へのネット文化浸透を試みようとしている。インターネットの急速の発展と広い応用は、文化浸透と文化侵入に便利な門を開いた。アメリカ元国務長官のオルブライト氏は、中国がネットを拒絶せねば、我々は武器をもつことになるとまで露骨に言い放った。国外の敵対勢力はインターネットを利用して、事実無根の情報を喧伝し、真相を隠し、民衆が政府に対する不満を煽り、社会の動乱を引き起こし、中国の安全と安定を破壊しようとしていた。

二　輿情管理の経済的意義

　中国共産党の第十六回大会第四中全会が「党の執政能力建設を強化する決定」を発表し、輿情収集と分析のメカニズムを作り、世情民意を反映するチャンネルを疎通しようと訴えた。輿情は社会の脈動と公衆情緒の自然な現れであり、政策の決定と管理の改善の重要な根拠である。中国は重要な戦略的転換期にあり、突発事件が多く発生している。このような状況下で、輿情サービスを強化し、民衆の情緒、意思、と行動傾向を即時に把握することは、社会主義経済の発展と、調和された社会の構築にとって必要不可欠である。

1　業界発展に対する影響

　2008 年に全国を驚かせた三鹿社のメラミン事件が、三鹿社を同年末に倒産させ、全国の乳製品市場の情勢を変えてしまった。

　2008 年 9 月、乳児が石家荘三鹿社のミルクを長期服用した後に結石症状を表したことがメディアによって暴かれた。この重大な食品安全事件への調査の展開に伴って、関連情報が絶えず披露された。しかし、情報の増加は疑問を解くことができなかった。三鹿社のミルクがいつ、どう汚染されたか、メイカーは知っていたかなどの問題において、疑問点が相次いで現れ、民衆輿論の高い注目を集めた。彼らは、ネットという開放的なプラットフォームを利用して自分の意見を発表し、重大な安全事故の真相を徐々に暴き、壮大なネット輿情の波を形成させた。ネット言論は、一致して、メーカーの利潤追求と社会的責任の放棄を非難した。このような輿論の風向きにあって、三鹿グループは最終的に公開謝罪に追い込まれた。

　同時に、2003 年に起きた三鹿グループの毒ミルク不祥事も暴露された。事実の前に、三鹿グループは弁解できず、破産してしまい、政府の関連責任者も免職され、企業の関連責任者は刑罰を受けることになった。

　毒ミルク事件は中国国内の乳製品市場の構造を大きく変えた。国内乳製品にメラミンを含むブランドが多く、各地とも関連ミルクを

厳格に締め出し、恐怖下で国産ミルクの市場占有率が著しく萎縮し、外国のミルクが隙を乗じて大挙押し入り、大きなシェアを占めるようになった。この毒ミルク事件は本土の乳製品企業の信用を失墜させた。輸入ミルクが高くて、多くの消費者は香港や米国などで買う、もしくは買ってもらうことにした。それによって、それらの国と地域の供給を乱し、香港などでは、ミルクの購買制限令まで出してしまって、ホットな話題となった。

2　市場経済秩序への影響

2011 年に日本の原発放射線漏れ事件後、ネット上に、ヨード入りの塩をとれば、放射線に対抗できるというデマが発生し、3 月 14 日より、東部沿海の紹興、上海などから、塩騒動が起きた。その後、ネット情報の拡散により、数日以内に、塩騒動が全国に広がった。各地のスーパー、市場でも、ヨード入りの塩の甚だしい値上がりが起きて、消費者が損害を受け、市場も混乱した。株式市場でも、塩関連の株は変動が激しい。専門家の分析によると、この塩騒動は、盲目的な騒ぎではなく、一部の投機資本が国際的な事件を利用して、国内の商品と資本市場で金融投機をするために引き起こした可能性が高い。塩は生活必需品で、すべての人の日常生活に関わるものであり、資本によるこの分野での操作は、社会的危害が大きく、国家の安全を脅かす。幸い、関連部門は迅速に反応し、相応の措置を取り、この塩騒動を平定した。

3　経済政策への影響

2012 年、にんにく、緑豆、生姜など商品の価格が大幅に上がった。不満を表しに、ネットユーザーたちはネットにおいて広く議論し、ニンニクなどに関連した用語や歌などを作り出し、流行らせた。これに対し、ネット輿情監視システムはこれらの事情を政府に反映し、政府は直ちに関連政策を打ち出し、物価上昇の勢いを止め、経済の安定的な発展と市場の正常な運営を保障した。

2013 年 8 月、ニュージーランドの乳製品大手 Fonterra 社が暴かれ

た。2012 年 5 月当社産の濃縮乳清プロティーンに有毒細菌が検出され、三つの中国企業を含む八つの顧客が被害を受けた。この事件が暴露された後、輿論場に二つの議論が現れた。一つは、如何に乳幼児の食品安全を守るか、もう一つは、国内乳製品企業に再興のチャンスが来たかということである。メラミン事件以降、消費者は本土のミルクを怖がり、外国ブランドのミルクを唯一の頼りにしてきたが、Fonterra 事件の暴露により、若い親の心理に恐怖を引き起こし、再度乳幼児食品安全問題の議論を引き起こした。また、外国ミルク神話が崩れ、国内ミルク産業にとっては、再興のチャンスかもしれないとも思われた。

乳幼児食品安全を保障し、国内のミルク市場を浄化するため、2014 年 5 月の国務院会議で、国産乳幼児ミルクの品質と安全において、全面的な方針を打ち出した。6 月、国家食品薬品監督総局、工業と情報部、公安部、農業部、商業部、衛生部、税関総署、工商総局、品質検査総局など 9 部門が連合して、史上もっとも厳しいミルク産業管理措置をした。

三　輿情管理の社会的作用

大衆マイク時代、情報の公布ツールが便利で、情報伝播の速度が速く、隠蔽性が高いといった特徴によって、あらゆる個人が輿情の製造者と発表者になり得る。だれでもネット上において言論を行い、個人の観点を発表し、ホットな事件についての討論に参加することができる。しかし、インターネットは両刃の剣であり、意見表現のチャンネルになって上下の情報疎通を実現しながらも、虚偽情報、ネットデマ、悪意のある攻撃などを避けることが難しく、社会秩序の乱れ、社会恐怖の発生につながりかねない。

中国は、急速な発展を伴う経済転換期にあって、社会的に不穏な要素がたくさんある。例えば、貧富の差が拡大の傾向にあり、社会資源の分配は均衡的ではない。突発事件は発生後二、三時間でインターネット上に現れ、動画技術とミニブログの普及により、数分でホットになれた動画は 6 時間もかからないうちに、影響力のある

ポータルサイトに転載され、ネット空間の討論は 24 時間以内に最高潮になる。

1　輿情を直ちに掌握することは、社会の安定を助ける

　ネット上ホットな事件が発生すると、情緒化された意見が忽ち形成される。一部のネットユーザーは理性的な思考がなくて、インターネットを不満発散の場としか見なさず、他人や政府をののしったりする。一部の不良なメディアも職業倫理を顧みず、確認されていない偽情報を伝播し、彼らの不良な言論と行動が悪意のある人に悪用され、有害な輿論となる。

　貴州甕安事件はまさにその通りであった。2008 年 6 月 28 日、甕安県に政府部門を囲んだ焼き討ち事件が発生した。一部の人が、当県公安局が出した女子中学生死因鑑定の結果に不満をもち、県庁と公安局に集まり、真相を知らない人々が悪意をもった人に唆され、とうとう焼き討ち事件に発展した。事件後、貴州省トップの石宗源書記が直ちに、省の幹部らを現場に派遣し、事件の処理に充てた。事件が静まった翌日、石はみずから現場に乗り込み、直接群衆に接触し、現地の人民代表、政協委員、群衆代表などと会合し、群衆の意見に耳を傾けた。省トップの三度の謝罪と死体鑑定結果の三度の公開、およびネットデマの排除によって、事件がようやく沈静化した。

　石書記の総括によると、この事件は本来発生してはいけなかった。現地幹部の不適切な処置によって、少数の悪意をもった人が扇動して起きた突発事件で、その性質は悪劣で、影響が極めて悪く、多大な経済損出を出し、全省の安定と貴州省のイメージにダメージを与えた。

　三尺の氷は、一日の寒さによるものではない。この事件の表面的な導火線は、李樹芬さんの死因であった。しかし、背景には、甕安県が鉱山資源の開発において、移民安置、住宅の区画整理などで、群衆の利益を害することが頻繁に発生したことがある。これらの問題を処理する度に、一部の幹部は態度が粗暴で、ともすれば警察力を使う。彼らの仕事の失敗が、群衆と幹部・警察との間の関係を緊迫させた。

この事件の教訓として、まず、職務懈怠の幹部、特に責任者を厳しく調査、処罰する。次に、デマは真相によって止まる。政府は社会に対して、事実関係を迅速に、正しく、精確に公表しなければならない。社会輿論は事実を知る要求がある。第三、群衆の情緒を安定させる必要がある。貴州の各民族の民衆はとても純朴で善良である。第四、各種の悪勢力に打撃を加えなければならない。第五、突発事件を対処する能力を高めなければならない。

2009年6月17日から20日にかけて、湖北省荊州石首市にレストランの調理師の非正常死亡が数万人もの群衆による包囲事件を引き起こした。この事件では、数万人もの群衆が3日間集まったが、その間、政府担当者は終始現れなかった。そのかわり、警察だけが現場に押し出された。結局大事になり、官民が互いに消耗しあい、双方が被害にあう局面となった。事件発生後三日目、石首市の政府サイトは曖昧な消息を発表し、その後ネットや電力を切断し、メディアでの説明を回避し、デマの横行を許してしまった。

これに対して、中央政府の主要幹部は高度に重視し、事件の処理を明確に指示し、公安部、武装警察本部、湖北省、荊州市の主要幹部からなる事件処理グループが成立し、幹部たちは自ら現場に臨み、秩序を維持した。何回もの協商により、6月20日夜から21日早朝にかけて、事件が沈静した。

2　すみやかに輿情を掌握することは、民情の伝達と民意の理解に有益である

ネット輿情には双方向がある。ネット上において、ネットユーザーがあるホットな問題か事件について討論するのは普遍的な現象になっている。これは中国の社会主義民主政治の進歩を推進した。インターネットで収集した世情民意を十分に利用することは党と民衆をつなげる新しい方法である。現在、ネットで政治に対する民衆の意見を集めることは、すでに各レベルの共産党と政府機関の重要なプラットフォームになっている。

3 すみやかに輿情を掌握することは、中国の民主主義と法治を推進することになる

　中国は社会の転換期にあり、各種の矛盾が生じ、一連の改革が民衆の実利に深く関わっている。異なる地域、異なる業界、異なる階層のネットユーザーがネットによって自分たちの意見を表明し、そのうちの大多数は民衆の共通の要求と願望を如実に反映している。これらのネット輿情を有効に掌握し、各種の利益衝突を妥当に処理することは、中国の民主主義を推進する重要な手立てである。ネットユーザーの強い監督力は、広くわたって、すでに中国の権力監督、腐敗監督の重要な力となり、政府の活力と公信力を高める面において重大な意味をもつようになった。例えば、広州の出稼ぎ労働者孫志剛が身分証明書をたまたま携帯していないだけで殴り殺された事件では、2003 年 4 月 25 日、『南方都市報』がそれを報道したあと、事件はネットに伝わり、ネット上では政府に犯人厳罰、事件の公正、透明な処理を求める嵐が起きた。輿論の圧力で、政府もこの事件を重視せざるを得なかった。まもなく特捜部を設置し、犯人を厳罰した。この事件は専門家の注目を引いた。彼らは人民代表大会に陳情し、浮浪者収容条例の違憲性を指摘し、最終的には、それを廃止に追い込んだ。ここからもわかるように、メディアの報道は市民の合法的な権益を守り、中国の民主監督の効力を高め、社会の腐敗現象に打撃を加え、政府に仕事の改善を迫って、社会の安定を維持した。

4 速やかに輿情を掌握することは、中国の精神文明建設の加速に影響する

　ネット評論に参加し、輿情を伝播するのは主に若者である。彼らは、中高年よりもネットでの意見表明に慣れ親しんでいる。彼らの多くは高等教育を受けて、社会の主人公である意識が強く、社会管理に熱心であるが、必ずしも共産主義を固く信じているわけでもないので、西側の不良な思想に影響されやすい。したがって、宣伝部

門とネット輿情監督部門は、ネット輿情を速やかに掌握し、発信者の思想動向を精確に分析し、その思想を正しい方向へと導き、若者の精神世界を豊かにし、信念を貫かせ、積極的なネット文化を形成させ、中国の精神文明建設を良い方向へ快速発展させなければらならない。

　輿情は民衆の現場情緒、態度、意見の集中表現である。インターネットメディア時代、より多くの民衆は、論壇、ミニブログ（ツイッター）、微信（LINE や Whatsapp に似たツール）などのネットプラットフォームで自分の意見を述べ、利益を求めている。ネット輿情はすでに社会輿情の代名詞になっていると言っても過言ではない。これに対して、関連部門はネット新メディアの情報伝播速度、影響の広さ、更新のしやすさなどの優勢を利用し、重大な突発事件が発生した時に、迅速に情報を出し、ポジティブで権威のある情報に主導的な地位を占めさせ、積極的に健康で上向きの主流輿論を作り出すべきである。ポジティブな宣伝報道をもって、不協和音を排除し、本当で権威的な報道をもって虚偽情報の不良影響を消し、社会恐怖を回避し、社会情緒の安定を保障する。

　ネットユーザーが大きな関心を寄せている重大な社会事件および疑問のあるホットな話題に対して、関連部門は客観、積極、公正の態度を堅持し、迅速に、公平に報道と評論を行い、情報の非対称性による誤解を解消し、不必要な社会恐怖を回避すべきである。必要があれば、専門家や学者を招いて、解釈してもらい、もしくは、ネットユーザーと直接対話し、情報の透明性と公開性を実現する。また、事件の後続報道を強化すべきである。ネット上の情報収集は便利である。ゆえに、関連部門は、適時に精確で全面的な専門報道を打ち出し、事件を深く、全方位で解析し、社会にあらゆる情報を提供し、輿論情報盲点によって発生するネガティブな影響を解消し、異なる階層の民衆の情報に対する要求を満たす。

四　輿情管理の軍事的価値

　インターネットの誕生は、人類史上最大の仮面帝国を生み出し、

疑似環境の中で写されたネット輿情は現実世界の像である。現在、軍事関連のネット輿情は、国際と国内において激しくなり、中国軍のイメージと発展にリスクと挑戦をもたらした。

現代戦争は、ある程度、情報戦、輿論戦であり、情報をより多く把握し、民意に支持された側は、戦争の主導権を握り、勝つ可能性が高いことになる。これは二つの面においてである。一つは、戦時の情報であり、もう一つは、平時の文化浸透である。いずれも有効な武器となる。インターネット時代、国境なきネットが自由でコントロールしにくいので、主権国家の国内輿論コントロールが難題となり、国内外の敵対勢力に便利な武器を与えてしまう。

1 現代戦争は情報であり、輿論戦である

人類が電子伝播、ネット伝播時代に突入した後、時空と群衆をカバーする大衆メディアは、輿論を相対的に独立な社会勢力にし、敵対する双方が争う要所となっている。輿論戦は輿論情報を武器とする戦闘形式である。情報伝播は、内部に伝播して戦争の脅威を周知させ、内外環境の変化を把握し、それに適応し、国家と市民の生存と安全を保障することと、外部に伝播して国際世論の支持を引き寄せ、強い国際輿論の圧力を形成させることと、戦時中の輿論威嚇と謀略を含む。したがって、輿論戦の作戦効果はメディアの情報伝播能力に密接に関係する。

戦争の情報化レベルの高まりにつれ、ネットメディアは、軍事打撃と輿論戦の重要な媒体と力になった。現代戦争の目標は、過去のような領土拡張と経済的略奪から情報の争奪に転換しつつある。

世界の多角化によって、局部の戦争でも異なる国と地域から、異なる政治立場、価値観、と利益をもつ大量のメディアが殺到する。メディアの背景の多様性と複雑さによって、輿論コントロールが空前に難しくなった。輿論の主導権を争奪することが急務である。輿論戦に有利に立つことは戦局を有利に運ぶことにつながる

1999 年 3 月 24 日、米国をはじめとする NATO グループは人権擁護を名目に、ユーゴスラビア連邦に空襲を発動し、コソボ戦争を引

き起こした。翌日の記者会見で、NATOの報道官は、コソボのアルバニア人リーダーがセルビア人に殺害された情報を巧に散布し、ニュースの焦点をNATOの攻撃と空襲による被害から外し、自分たちの侵略行為に輿論支持を引き寄せようとした。

　ユーゴに対する空襲の78日間、NATOは情報を選択して報道し、いわゆる戦争の真相を延々と報道し、コソボの民族対立の厳しさと危険性を誇張し、ユーゴの指導者を貶め、その軍隊と民衆の士気を瓦解させる。クリントン大統領とブレア首相が電話会談で使った種族浄化、ホロコースト、大虐殺などの言葉は大手メディアに繰り返し登場した。CNNテレビは24時間体制で、アルバニア人の難民キャンプを報道し、難民たちは毎日のように、セルビア人による虐殺を告訴している。インターネット上には、NATOが設置したコソボ危機、ベオグラード動向、NATO空襲などのサイトで戦果を公表し、その軍事的優位性を宣伝し、輿論における主導的な地位にたつ。この他、NATOはネット作戦チームを作り、技術面の格差を利用して、軍事情報を密かに獲得し、ユーゴのネットシステムに大量のウィルスと虚偽情報を送り込み、電子制圧と組織的な攻撃を行った。NATOは、この種の宣伝工作で、人々をミスリードした。

　同様に、NATOのニュース封鎖に対抗するために、ユーゴも、セルビア情報、コソボ危機などのサイトを立ち上げ、空襲による住民の死傷の写真を公表し、NATOが隠そうとした住民爆撃の蛮行を天下に公告し、幅広い支持を受けた。ユーゴおよびロシアのハッカーはインターネットを利用して、NATOの電子情報システムを破壊し、NATO構成国の政府と国防省のサイトを攻撃し、NATOにネット対抗を挑んだ。

　1999年のコソボ戦争において、米国を始めとするNATOグループはネット輿論が戦争に与えた強いサポートの甘味を味わった。2003年のイラク戦争での、ニュース輿論戦は戦争の結果に空前の重要な影響を及ぼす戦争の重要な構成部分とみなされた。イラク戦争勃発後、ブッシュ政府は絶えず輿論攻勢を強めた。米国政府は各国の記者500人を米軍に編入させ、嵌め込み式のインタビューを実施させた。米軍の攻撃が阻止された時、テレビは4時間におよぶ侵

攻の実況中継を行う。その目的は、戦争の進展が遅いのは、米英連合軍が住民の死傷を心配しているからだという宣伝をし、米国民が早く戦勝を期待する気持ちを落ち着かせる。また、イラク軍の士気を瓦解するために、サダムがすでに首切り行動によって爆殺され、アジズ氏が逃亡し、イラク第51師団長および8000人の将兵が降伏したなどの偽ニュースを伝えた。米国のこの輿論戦法に対し、イラクは即座にこれらの人をテレビに出現させて、米国の似非ニュースを撃退した。このイラク戦争において、従来、プロではなく、厳密さに欠けるブログが大活躍し、主流ニュースメディアが失った中立性、公正さと公信力を拾い上げることになる。サリム・パクスというインターネット上で神秘な人物とされるブロガーが、バグダッド情報を披露し、戦火中籠城しているバグダッドの真実を記録した。当時、毎日数万人もの人々が彼のブログを検索し、戦時中バグダッド住民の生活実態を知ることができた。衛星テレビ、インターネットなどの伝播手段を通じて、各国メディアは真実に近い戦争画面を人々の目の前に提供し、米英連合軍の戦争輿論独占を打破した。

　情報化の進みによって、より多くの国が輿論戦、情報戦の研究をするようになった。たとえば、米国は、たえずニュース輿論謀略の研究を強化し、ベテランの伝播学者、社会学者、軍事専門家などを集めた研究機構を設立し、国家戦略の目的を中心に、如何に輿論からの牽制を振り切るか、如何に輿論を利用して他国を牽制するかなどの問題について、謀略を策定した。

2　戦争前の文化とイデオロギーの浸透

　長年の戦争実践によって、米国国防省の役人は、戦争前に心理戦と政治行動を起こせば、敵を弱める効果があると確信しているようである。2003年のサダムおろしの行動において、米国は以前のいかなる時よりも心理戦を重視した。

　イラク戦争の発動を決定する前、ブッシュ政府は戦争のための輿論を大々的に作った。2002年12月16日、VOAの報道によれば、米軍がすでにイラクに対して宣伝攻勢をかけて、イラク大統領サダ

ム・フセインの名誉を傷つけ、イラクの軍隊と人民に反サダムの蜂起を呼びかけた。国際的には、米国はイラクを邪悪の中心のトップに挙げ、サダムをテロの後ろ盾、大規模殺傷性武器の製造者、自由と民主主義世界の平和の脅威と決めつける。米国は、本国の民衆に対して、最後まで責任を果たして、イラクと対決する決心と力を持っていると自称する。イラクの群衆に対しては、敵はあなた方ではなく、あなた方の国を統治してきた無法者だと宣伝し、サダム政権を倒したあと、あなた方に必要な医薬品と食糧を提供すると保証した。「イラクはテロの中心地」、「米国はテロと戦うために先制攻撃を行った」といったことが米国内ほとんどのメディアの報道テーマとなっていた。2002 年 1 年間の操作を経て、2003 年 3 月 25 日に、ブッシュ政府は国連の決議なしに、国内 72％の支持率を根拠に、人権の旗を掲げて、イラクに軍事攻撃を始めた。輿論戦は、心理戦ともいい、ラジオ放送、テレビ、ビラ、手紙、戦場での呼びかけなどを通じて、敵の心理と戦闘力を瓦解することである。

　このサダム倒しの行動において、米英連合軍は一刻も休まずイデオロギーの浸透を図っている。戦前でも戦時中でも、この強烈な輿論戦は米国に民意の支持をもたらしたが、虚偽の報道は英米を輿論の渦巻きに落としたこともある。また、民族文化と価値観は、容易に崩れないことを米英はこの輿論戦で知って、戦闘行為を速戦速決にした。

　文化は民族の団結と社会の安定の重要な基礎である。価値理念は国家、民族が発展の歴史において形成された相対的に安定なものであり、国家と民族の基本的な特徴である。イスラム文化とキリスト教文化の根強い対立は、米英の輿論戦の効果を微々たるものにした。西側メディアの報道では、イスラム原理主義者は極端主義者であり、テロリストに等しい。特に 9・11 テロ事件の後、西側のイスラム脅威論が強化された。それゆえに、イスラム文化の伝統をもつイラク人は西側の宣伝に対して本能的な反感と不信をもつ。また、米英はイスラム文化を深く研究した上の宣伝をしておらず、自分たちの価値観の浸透の突破口を見つけず、ただ、サダム本人の専制統治を攻撃しても、イラク人民に受け入れられず、輿論宣伝の効果が大きく

第 1 章

輿情管理概論

49

なかった。

　情報化社会では、国家間の軍事対決は、武器だけによらず、輿論も重要な戦略となっている。米国の『ニューズウィーク』誌が指摘した通り、新しい植民者は、銃ではなく、ネットを握って、勢力を拡大しようとしている。ネットはいかなる武器よりも有効で陰険である。中国人民解放軍総参謀部の参謀連亮氏が指摘したように、西側諸国は、ネットを中国牽制の新たなポイントとし、戦術的な文章を作って、戦略的な目的を達成しようとしている。

　たえず勃興しつつある社会主義国家として、中国の国力は日増しに増して西側資本主義諸国を不安視させている。一部の国は常に隙を探し、中国周辺の国々で中国に対する不信を煽り、中国のネガティブな情報を喧伝し、中国軍を脅威的な存在と見立てる。これらの行為は、強いメディアを利用したグローバルな戦略布石である。例えば、2012 年 6 月 28 日、米誌『ニューヨークタイムズ』は中国語のサイトをセットアップし、中国の読者にグローバルな時事、商業、および文化に関する高い水準の報道を提供すると称した。其の後、米誌『ザ・ウォールストリート・ジャーナル』など西側の主流新聞社 7 社が中国の法規に則った中国語サイトを設立した。西側メディアの大挙進出とその中国語化は、一方では中国の膨大な市場を占領し、商業利益を拡大しようとする意味であり、もう一方では、具体的で、突発の、戦術的な軍事事件に焦点を合わせ、ネットを利用して大々的に喧伝し、中国の「軍事脅威」と「不透明性」を強調することにある。

　2013 年以来、日本はレーダー照射事件を、韓国メディアは中国艦船がその「作戦区域」に侵入したことを、米国は中国軍のネットハッカー、インドメディアは国境テント対峙事件をそれぞれ喧伝した。2014 年 5 月 24 日と 6 月 11 日、日本は二回にわたって、中国戦闘機が日本の飛行機に異常接近したと指摘し、中国戦闘機がミサイルを搭載しているとも断じた。しかし、6 月 12 日中国軍が公表した動画によると、日本空自の F-15 二機が中国と T-154 を追跡、接近していた。明らかに、日本の戦闘機が挑発していた。接近距離は 30 メートルに迫った。しかも F-15 はミサイルと予備タンクを搭

載していた。しかし、輿論戦の角度から見ると、日本側が先制攻撃を仕掛け、議題を設置し、輿論への最大のカバーを実現して、輿論戦において先に得点した。中国は理にかなっているにも関わらず、受動的になり、輿論のカバー率は議題を作者に劣ってしまう。

日本は絶えず東シナ海で言いがかりをつけて騒ぎを起こそうとしている。詳細の提示ないし偽造を通じて、中国の「理不尽」を世界に宣伝しようとしている。日本が安全面で挑戦を受けているイメージを作り出し、日本社会に危機感を煽り、集団的自衛権の解禁への支持を集めている。

現在、国際と国内の軍事関連のネット輿情において、内外連携の動向がある。一方では米国のアジア太平洋の均衡再構築があって、中米間の戦略的対決と周辺地縁完全情勢が輿情に波乱をもたらし、もう一方では、国内の新メディアも、軍事関連の敏感な話題をもって億万の民衆の視線を引き込もうとしている。これに対して、南京政治学院軍事対外宣伝センター主任の顧黎教授は輿情研究の戦略意識を確立すべきだと訴えた。米国はアジア太平洋地域に均衡再築戦略を推進し、軍事的な存在を保持し、中国を中心とする経済一体化の進展を阻止しようとしている。

輿論戦は現代戦争において、日に日に重要になっている。中国軍が如何に情報戦において、自分たちの平和を愛するイメージを維持し、輿論戦の対戦能力を挙げるかは、輿論誘導の力にかかるのではなかろうか。

第2章

輿情の形成と特徴

第**1**節
輿情の由来

一　中国における輿情の発生とその特殊な背景

　中国の輿情研究は20世紀末に始まり、共産党の第十六回大会四中全会の後、輿情研究と実践は高潮を迎えた。

　輿情は十数年の歴史しか持たない新しいコンセプトである。その提案には、深刻な時代背景があり、西側の民意研究と中国の輿論研究の成果の上に、中国の社会発展の現実と結びついて発展してきた。輿情の発生とその背景を探求することは、西洋の民意と中国の輿論という二つの概念から着手すべきである。

　早く維新変法の時期から、中国では、西洋の先進的な思想をもつ一部の学者が、輿論を体系付けて分析、研究しはじめた。

　近代中国では、梁啓超を代表とする資産階級改良派と孫文を核心とする革命派が、いずれも、西洋の民意を基礎とする主権在民の思想を参考にし、民意の力をもって中国で啓蒙運動を行い、議会政治を遂行し、中国の資産階級民主化を図っていた。しかし、中国数千年来の君主専制の統治思想が根強く、国民の政治素養と教育水準が低く、資産階級の性格が弱いなどの原因で、資産階級改良派と革命派の改革と革命はいずれも失敗に終わった。しかし、肯定すべきは、梁啓超らの先駆者は、新聞を運営する過程において、輿論研究の堅実な基礎を築いた。梁曰く、輿論とは、多数派が発表した意見であり、少数派が発表した意見は輿論ではなく、多数派の発表していない意見も輿論ではない。彼は、輿論を公の意見と定義し、輿論の主体が公衆であり、輿論の形成方式が意見の公表であると表明した。彼らは新聞雑誌を使って、資産階級の改良思想と革命思想を伝播し、群衆を発動し、人心を鼓舞し、輿論をコントロールし、誘導した。彼らはメディア人であると同時に、重要な政治ウォッチャーである。ゆえに、政治家が新聞を運営するのは、当時中国新聞業界の歴史的

54

特徴であった。

新中国成立後、共産党の口舌としてのニュースメディアは重要なニュース情報を伝播すると同時に、社会民意を反映し、国家の重要な法規政策を宣伝している。輿論誘導は、重要な機能となっている。

改革開放後、中国の輿論研究は重大な発展を遂げた。1988年、系統的に輿論問題を研究する初めての理論書『基礎輿論学』が出版された。その本の中で、著者劉建明氏は、輿論が社会全体の知覚と集合意識を表し、権威性のある多数派の共同意見であると指摘した。それから、中国の輿論問題研究および関連学術著書が次々と出版され、輿論学の研究は迅速な発展を遂げ、輿論概念の内包に対する探求も深まった。西側の輿論関連の著書が大量に中国に紹介されるにつれ、中国の一部の学者は、西洋の輿論学の基礎を吸収、参考した上で、中国の社会構造の転換と新聞メディア機能の調整などに結び付いて、輿論概念の限定に修正を加えた。陳力丹氏はその著書『輿論学：輿論誘導研究』の中で、輿論は公衆が社会および社会の中で発生した各種の現象と問題に対して表現した信念、態度、意見、情緒の総合であり、相対的な一致性、激しさと持続性をもち、社会発展および関連事態のプロセスに重要な影響を及ぼすと指摘した。

中国の政治民主化と経済市場化の発展に伴い、民衆の民主意識と利益意識が絶えず増強し、民衆の表現意欲と行為も絶えず強化し、民意はすでに政府公共政策実施の基礎および党の執政合法性の基礎となった。いかに人民の利益要求を保護し、実現させ、如何に党の執政に民意の支持を取り寄せ、民意の監督を受けるかは、共産党の重要な使命となっている。

それと同時に、社会の迅速な転換と改革の推進、および各種の思想観念、価値観、利益対立が激化し、社会情緒の敏感度と緊張度が増えた。社会利益関係の調和が困難になり、社会的にホットな事件が頻発するようになり、中国社会の安定に厳しい挑戦となり、政府の執政能力にも高い要求を出した。

従って、いかに民衆の意見と本意を精確に、深く掴み、それの形勢と発展をコントロールするか、その規則を探求することは、理論界が真面目に対処すべき重大な課題であり、政府が対処せざるを得

ない政治任務でもある。

　2004 年 9 月中国共産党第十六回大会四中全会では、社会輿情の
収集と分析メカニズムを作り出し、世情と民意を反映するチャンネ
ルを疎通し、民意を十分に理解し、民意を反映し、民衆の智慧を広
く集め、集中させ、民力を大事に使う政策決定が明確に打ち出され
た。会議は、輿情情報工作を積極的に展開し、広範で統一的で、効
率の高い輿情収集と分析のメカニズムを実現し、社会輿情を全面的
に反映する体制を作ることを宣伝部門に要求した。また、政府は国
家管理者として、民衆の訴えを即時了解し、民衆との間の良好な交
流関係を持ち、民衆内部の対立を解消し、調和のとれた社会発展を
実現しなければならないと促した。これはとりもなおさず、輿情研
究の発展に重大な動力を与えることになった。

　2004 年、共産党の呼びかけで、中国共産党中央宣伝部輿情情報
局および各地の輿情情報研究機構が次々と成立し、中国の輿情情報
工作が全国範囲で大々的に展開された。それに続いて、上海社会科
学院社会調査センターと天津社会科学院輿情研究所がそれぞれ上海
と天津にて成立され、輿情関連の著作と論文も相次いで出版、発表
され、中国の輿情研究が段階的な成果を出すようになった。

二　西側における輿情の発生とその特定の背景

1　国外の輿論における民意の内包

　国外の輿情研究の起源は早く、19 世紀中期に初歩的な発展を遂
げ、20 世紀中期にすでに成熟に向かいつつある。国外では、輿情
という概念はなく、それに似たパブリックオピニオンという概念が
あり、輿論、民意と訳されることが多い。ルソーの思想は、近代西
側資産階級が封建専制に反対し、資産階級民主制度を建てることに
思想的な基礎を築き、民意に関連する研究をも推進した。民意調査
は現代西側の選挙において推し進められるにつれ、民意の概念が広
く使われ、その内包も変化しつつある。

（1）西洋早期の民意表現

　民意の概念は、古代ギリシャの哲学者プラトンとアリストテレスによって発表された。彼ら曰く、民意は公衆の意思であり、自己権利の意識と表現である。それに関連するのは制度の問題である。民の欲は具体的な需要であり、それに関連するのは行政の問題である。民意と民意の表現は人類社会生来固有のものである。エンゲルスの太古に対する研究によれば、氏族公社時代、メンバーの表現は公共生活の重要な問題であった。古代ギリシャ都市国家の民主的な政治生活に至っては、民意の表現は切っても切れないものであった。都市国家の管理は、民意表現の直接的な結果である。アリストテレスの『政治学』とマキャベリの『君主論』は、いずれも民意表現の重要な意義を高く評価した。

　古代ギリシャは紀元前8世紀から五、六百年にわたり奴隷制都市民主の時代があって、修辞学や弁論術が発展し、力ではなく、言葉による統治を形成した。紀元前6世紀、民衆のリーダー、ソロンは民衆のために利益を争い、民心に沿って、最後に民衆の力を借りてアテネの政治舞台に躍り出た。政権を取った後、彼は一連の重要な改革を行い、特に民意表現を強力に進める措置を取った。当時の都市民主と貴族民主制度の下で、叫び、じだんだ、武器を敲くことなどは、いずれも民衆が訴えを表現する方式であり、貝殻や陶磁器の破片を投げて占うことや、列を並ぶこと、逐一尋問などは、原始的な投票法であった。

　現実的な需要は理論の誕生を促した。ソクラテス、プラトン、アリストテレスを代表とする西洋の思想家たちは貴族統治を守るために需要に基づいて、民意問題に注目し、当時の民主政治に対し批判を行った。『政治学』の中で、アリストテレスは、当時の社会は最悪であると述べた。この種の民主政体の中で、民衆の願望は法律に取って代わり、最高権力となり、民衆のリーダーがそれを煽り、民衆は一旦自分の意欲が法律に取って代わられたと気づいたら、そこから平民のリーダーが生まれ、平民大衆が単一の人格になり、至高の君主となる。この種の平民は法律の束縛に拘束されず、君主のよ

うに振る舞い、君主のような統治権力を求める。この種の民意運動は、民意という概念を作り出すのに至らなかったが、西洋古典政治学において民意問題に対する理論的な自覚を表した。

（2）近代民意の表現

17世紀、人文主義の思想が西欧に盛んになった。それに相応して民意研究も勃興した。イギリスの思想家トーマス・ホッブズが意識と良知を表すコンシャスと観点や意見を表すオピニオンを結合して、信仰から判断までの一連の民意概念の範疇を定めた。ホッブズは1651年に出版された『リヴァイアサン』の中で、初めてパブリック・オピニオンという言葉を使用した。彼曰く、会議において、公衆の意見が弁論終結の前に明らかになったら、もう聞き出す必要がない、なぜなら、公衆の意見こそ、会議の弁論で得られる決議と一切の審議の目的である。ここでの民意は輿情の意味を含んでいないが、民意概念の内包の確立に基礎を築いた。

18世紀、フランスの社会契約理論の集大成者ルソーが初めて公衆意見という概念を提案し、また初めて民意に対して広く、深く探求した。1762年、彼が『社会契約論』において、統治を受けることに同意するという概念を提案した。それが現代意義上の民意概念の起源だと思われている。彼は本の中で、ラテン語の公衆と意見という二つの語彙を結合させて、フランス語の公衆意見という言葉を創出し、人民の社会的もしくは公共事務分野の意見を表すものとした。同時に、彼は、民主政治において個人意見と政府政策の関係を詳しく分析し、民主政治の中の多数決と代表制の問題を提出した。

資産階級による民主思想の形成に伴い、ロック、ヴォルテール、モンテスキュー、ジョン・ミル、コンテ、ヘーゲルなどの啓蒙思想家も民意に対して研究を行った。それがある程度民意研究の考え方を広げ、民意概念を社会科学の殿堂への進出に成功した。

（3）現代意義上の民意の内包

20世紀に入り、西洋実用主義哲学の影響を受けて、また、民意調査、民意テストの普及により、民意の概念が広く使われ、新しい

意味を持たされた。現代意義上の民意は80年の発展の歴史をもつ。1933年、米国人ジョージ・ギャラップが民意テストを開始し、その後民意テストが米国および他の西洋諸国で広く使用された。広範な民意テストは社会の民意問題への関心を高めた。政治学、社会学、社会心理学など各分野の研究者が民意研究に踏み込んで、異なる角度から民意の基本内包を解釈した。政治学者と歴史学者は民意が政府政策決定の過程で果たす役割を強調し、民意の政府政策決定に対する影響に関心を寄せる。心理学者は民衆が意見を表現することの心理的なプロセスを重視する。社会学者は、問題に関心をもつ公衆の討論がなければ、民意が発生しないというようなことに注目する。これらの視点の違いによって、西洋の学者は異なる事実から民意現象を解析することができるようになった。特に、功利主義民主の多数原則の概念が人々の民意に対する理解に影響を及ぼし、民意概念の内包も、多数による一致から、異なる個体の意見の集積に転換した。

1922年、米国の著名な政論家、コラムニストであるウォルター・リップマンは、『公共輿論』を出版し、実用主義の哲学方法を貫かせ、民意を人々の頭の中の図形と定義し、人々の他人と自分の需要と目的と人間関係に関する図形とした。一部の人、もしくは個人が団体の民意を行動の根拠にする場面であった。

発達した民意の表現システムは、上から下への国家的メカニズムで統率する必要があって、下から上への社会化メカニズムで押し上げる必要もある。両者が緊密な交互需要関係にある。当然、もっとも重要なのは、社会発展の根本規則から見れば、社会化表現メカニズムが十分強くなる時こそ、民意表現が本当の意味での自我の道に入ることになり、市民社会の表現言語がその政治的な美を開くことになる。

2 民意調査

民意は民意調査の発展を進める内在の動力である。西側の民意調査が民意表現の一種のチャンネルの組織形式とすれば、西側の民意観念の形成と発展は、民意調査の発展を頼りにする人々の内在の意

識の力である。

　民意調査は西洋民主主義によって生まれた。比較的に体系付けられた民意調査は西洋において 80 年の発展の歴史をもち、成熟した方法も形成された。調査主題の確定から、研究計画の策定、質問票の設計、サンプルの取り方、実際の調査、データの処理、研究報告の作成まで、科学的な規範がある。

　民意調査は、系統性、科学性、定量性のステップで、迅速かつ正確に民衆の意見を収集し、民衆の態度の変化を検査する社会行動であり、その主な機能は各階層の民衆が公共事務に対する態度を如実に反映し、政府と関連部門が政策を策定、修正、執行する時の参考にすることである。国外では、輿情の概念がなく、民意調査に対する研究は輿論研究の重要な構成部分となって、理論上の探求も、実証的な研究も、国外の輿情研究のホットなスポットである。

　民意調査は主に政府、政党と企業のために、社会問題、政府施策、政党選挙、市場調査、メディアの影響などの問題に対する大衆の見方を調査し、民衆の受け入れと反応の程度を提供する。ある学者は、国外の民意調査を公共輿論の晴雨計と、国外の政府などが政策決定するときの風向計とみなしている。米国の政治と社会において、民意テストは至る所にあり、民主党執政時でも共和党執政時でも、民意分析は大統領直轄の政府機構の切り離せない一部であり、社会輿情の収集は常態化した政治活動であり、毎年民意調査につぎ込んだ金額は数十億ドルに上る。米国政府は強大な輿情収集と分析のシステムを作り、報道官制度の遂行、米国政府の政策の売り込み、民衆からの支持の獲得などにおいて、重要な役割を果たした。

　近代の民意調査は、統計学、心理学、社会学など各学科の需要によって成長と発展を遂げたのである。国外の民意調査の発展を見ると、大体三段階に分けることができる。

（1）早期段階の民意調査理論

　主に『文学ダイジェスト』を代表とし、疑似民意調査理論に従い、あるいは、草の根投票、仮投票という。早期の民意調査理論は明ら

かに遊戯性、趣味性などの特徴をもつ。その重点は多いということにあり、合理的ということではなく、必要なグループ分析に欠け、質問票の設計も無視し、設問の回答も「はい」と「いいえ」しかなく、全過程が軽率で曖昧である。

（2）科学化段階の民意調査理論

1935年から1950年にかけて民意調査理論は新たな発展段階に突入した。その印は、調査方法の科学化と調査内容の多様化である。ここでギャラップの民意調査理論とラザースフェルドのオピニオンリーダー概念および二極伝播理論などが形成した。この段階の民意調査理論の特徴は、科学的なサンプル抽出方法と高品質のデータ採取を中心とし、動的な角度から人の心理の変化と民意調査への影響を研究した。その局限性は、社会科学実証の研究方法だけを重視し、民意調査の政治、経済と生活への影響を軽視したことにある。

（3）現代民意調査理論

1960年代以降、民意調査理論の研究にシステム理論、制御理論、情報論、電子情報とインターネット発展の成果などが導入され、新たな段階に突入した。主に、ラザーフェルド、モートン、コエンなどの議事プロセス設置理論、エリザベス・ノエル・ノイマンの沈黙螺旋理論とマイルの精確ニュース理論があった。

明らかに、現代民意調査理論は、より社会全体の連携と環境影響、人と人との関係変化などの面で民意を研究するようになっている。現代のハイテクの発展に伴い、民意調査と研究の方法、手段と技術も日に増して進化し、総合分析法、Eメール質問票調査、ネット調査、計算機補助電話調査システムなどを代表とする新しい調査手段と方法が現れた。西側の民意調査理論の発展を見ると、その軌道が民意調査の結果と利益を重視することから、民意調査のプロセスの企画と研究、さらに民意調査を系統的に、総合的に研究することに変化した。

3 国外民意調査の中国にとっての意義

　国外の民意調査分野で、非政府性の民意調査機構は比較的に発達し、業務展開の範囲も広く、成熟した運営メカニズムと方法体系を有し、調査結果も公開され明らかになった。新しい発展のトレンドが現れ、理論の系統化、活動の制度化、運営の科学化、機能の多様化に表現される。このほか、国外の民意調査はテーマと内容が広く、我々の勉強と参考に値する。

　中国国内では、調査研究は共産党の優良な伝統でもあり、革命の建設と改革開放が成功する重要な保障である。民意評価は現代社会の執政政党にとって必要不可欠である。各種の機構が発表する民意調査結果は新聞、ネットなどの末端メディアに現れ、多くの話題が広い範囲で興味を引き起こした。共産党の第十六回大会四中全会が可決した決議は、社会輿情収集分析メカニズムを作り、民意反映のチャンネルを広げる必要があると指摘した。共産党の先進性と純潔を保ち、その執政能力を高めるために、政党が民意調査を利用する方法を深く研究すべきである。現在中国各地に民意調査の機構が次々と成立し、これらの調査センターの多くは、統計部門の下に位置づけられ、政府の背景をもつ。

　これらの体制内の「民間」機構は、中国民意調査業界の独特の現象を成す。国外の民意調査の経験をいかに勉強し、参考にし、民意調査の評価機構を体制外に拡張し、評価方法を伝統的から専門型に転向させることは、中国現在の民意調査発展の重要な内容である。

第2節
輿情の内包

一 輿情概念の形成と発展

　輿情は中国語によって表現される概念である。輿情という言葉は最初に唐代の文献に現れたが、その概念の確立は最近十年間のことである。現在、学界で輿情に対しての認識は統一されていない。中国共産党と中国政府は輿情関連の仕事を重視し、中国の輿情情報工作に対する研究を加速させた。

1　古代中国における輿情の意味

　輿情という言葉が最初に現れたのは、唐代の「旧唐書」である。唐の昭宗皇帝が乾寧四年（西暦897年）に頒布した勅書に、「朕は群議を採り、彼らに輿情について訊ねた」という文言があった。これは輿情という言葉のデビューであった。

　その後、輿情という言葉は文献に出現する確率が高くなりつつあった。『文淵閣四庫全書』に対して検索すれば、輿情の現れる回数は1100以上のようである。よって、輿情は中国本土の概念であって、しかも政府に由来する。また、輿情は普通の百姓の見方であって、統治者の意見ではなかった。輿情に似ている「輿論」という言葉もあったが、その起源はもっと早く、使用範囲ももっと広かった。輿論という言葉が最初に現れたのは西晋の陳寿が著した『三国志・王郎伝』である。また、『梁書・武帝紀』にも輿論という言葉が現れた。その意味は現代でいう輿論と非常に近く、みんなの見解を指す。

　古代では、輿情と輿論の意味は大体同じで、民衆の願望、みんなの意見を指している。

2　現代意味上の輿情概念の提出

　中国社会の快速発展に伴い、輿情概念は、専制君主時代民衆が受

動的に寄与する「古代輿情」から、主動的に意思決定に参与することを核心内容とする「現代輿情」に転向した。民衆が主動的に社会政治活動に参与するということにおいて、現代輿情は西洋のパブリックオピニオンと共鳴する。輿情を本当にコンセプトとして研究され始めたのは、中国社会の発展への要求であった。中国の輿情研究は、西洋の民意研究と中国の輿論研究の基礎の上に逐次発展した。

　共産党第十六回大会四中全会で「社会輿情の収集と分析のメカニズムを確定し、世情と民意を反映させるチャンネルを疎通せよ」という要求が提示され、中国の輿情研究が加速した。2006 年、張兆輝、郭子建両氏は「輿情情報工作理論と実務」の中で、輿情を以下のように定義した。<u>輿情とは、一定の社会空間において、特定事象の発生、発展と変化を巡って、民衆の間に発生して存在する、執政者と執政者のもつ政治的価値観への態度である。</u>簡単にいうと、輿情は、事象の発生、発展、変化の段階において民衆が持っている社会政治態度である。

　また、張克生氏は、以下のように認識した。輿情は国家意思決定主体が意思決定活動において必然的に関わる民衆の利益に関係する民衆の生活情報、社会生産情報と民衆の知識と知恵などの状況、および、民衆が社会状況と国家意思決定に対する態度である。簡単にいうと、社会の客観状況と民衆の主観願望であり、すなわち世情民意である。彼のこの概念は、輿情の広義的な定義とみなされている。しかし、この概念では、民衆のおかれている客観世界の情報も輿情としているので、輿情独特の属性と存在価値を失っている。

　さらに丁柏全氏が以下のように述べた。輿情は、すなわち民意の状況であり、民衆が社会生活の問題、とくにホットな問題に対する公開意見、もしくは情緒反応である。

　現在に至るまで、学界で輿情に関する概念が確定されていない。しかし、輿情が内包する主な内容と基本的な要素はすでに確定されている。輿情とは、一定の時期、一定の範囲内での、民衆のある社会政治事件、社会現象、もしくは公共事務に対する集団的情緒、願望、態度、意見、表現などの総合である。公開の言語表現であろうと、行動によっての表現であろうと、民衆の情緒、態度と意見はい

ずれも政府に向いている。したがって、輿情は輿論に従属する概念でもなければ、西洋のパブリックオピニオンでもなく、それはメイドインチャイナの札が貼られた中国本土の概念である。政治性が輿情の根本的な理念である。

3　輿情と輿情情報

　輿情情報とは、民衆の社会政治態度を収集、整理、分析、伝送、利用、フィードバックする情報操作の過程で、客観的に輿情の状態とその変化を反映させた情報である。輿情情報と輿情とは異なる概念である。輿情は民衆の社会政治態度であり、反映してもしなくても、客観世界において存在する。それに対して、輿情情報は、人々が組織的に、目的をもって、輿情を採取、加工して得られるもので、特定の輿情状況と変化に対する描写で、輿情事項の一部しか触れていない。したがって、輿情情報と輿情の主な区別は、輿情が客観的存在で、輿情情報は輿情を反映させた形式にすぎないことである。共産党中央宣伝部輿情情報局は『輿情情報工作概論』の中で輿情情報を世情民意の合流であると定義した。この本は、また輿情情報と政務情報、ニュース、宣伝情報の区別について詳しく論じた。

二　輿情の構成部分の相対的な独立と論理関係

1　輿情の主体：民衆

（1）輿情主体の概念と内包

　輿情は民衆が各種の政治的、社会的事件に対して表現する集団的情緒、願望、態度と意見の総合である。したがって、輿情の主体は民衆である。日常生活の中で、民衆は一般的に群衆、人民大衆、人民、社会の大多数と同一視される。しかし、輿情分野の基本的な概念としての民衆は、政府に対して言うものである。また、輿情は群衆の意見と態度であり、ある特定の人の態度と意見は、輿情になれない。輿情の中の民衆は、共通の問題に直面して、特定の利益関係

で結ばれる個人、グループ、または組織の総合である。社会学上の「統計グループ」の一種に属する。人々は組織されていなくても、互いに知り合っていなくても、一緒に生活していなくても、利益的地位や生活境遇の類似によってある種の心理的共同体になっていて、意見を表現する、群衆になる。

（2）輿情主体の分類

①輿情伝播の過程における役割での分類

A　主流観念の発表者。その発表した観点は大多数に擁護され、認可され、輿情主体の核心的地位にいる。例えば、各業界の専門家、ネット上の有名人、著名なメディア人などである。彼らはえてして前衛的な思想と観念の持ち主で、突発事件に対して、彼らの一言、もしくは一つの観点が波のような反響を起こすのである。伝統的なメディアの時代でもそうであったし、現在では、ネット上の有名人の影響力は雑誌10部に相当するとも言われている。

B　主流観念の擁護者。彼らは社会上の主流観点を認め、支持する態度をとっており、輿情主体の中の大部分の人はこの類に属する。

C　個別意見の発表者。彼らの発表した意見は多数の観点と相反し、支持者も少なく、軽く扱われる一部の人である。

D　沈黙者。社会上のホットな問題に対して意見を発表せず、静観している人たち。

②輿情主体の欲求による分類

A　自己満足型。この種の主体は社会的にホットな問題に自分の意見を発表し、他人の擁護を期待し、問題の解決において積極的な役割を果たす場合もある。

B　情報獲得型。この種の主体は社会的にホットな問題に注目することによって、社会の実態を知り、現状への認識と理解を深める。

C　悪意をもって攻撃するタイプ。彼らはネットなどを通じて虚偽情報を散布し、他人、もしくは社会を嘲笑い、攻撃する。

（3）輿情主体の特徴

①　共通性

民衆は共通の問題に直面するときに、共通の興味、背景、目的、嗜好、意向などを持ち、類似の態度、見方を形成し、比較的に一致する行動をとり、最終的には共通の目的のために戦う一つのグループになる。

② **可変性**

輿情主体は統計学上のグループの概念である。輿情主体は共通の訴えもしくは意見によって組織されているにも関わらず。あるホットな問題が解決されたら、このグループも解散するようになる。したがって、輿情主体は絶えず発展、変化の過程にあって、民衆グループの形成は共通問題の出現に起因するが、常に主観条件、客観環境によって変化する。

③ **相互作用**

輿情主体としての民衆はインタラクティブであり、民衆と政府の間にも相互作用がある。民衆の意見と行動が政府公共権力の運営に対して一定の影響力と制約力がある。逆に、政府制定の政策、措置も民衆の行為に対して影響を及ぼす。したがって、政府と民衆との利益関係は双方向で、両者は相互に依存し、制約しあう。

④ **多元性**

民衆の多元性はまず、その多重階層の立体的構造に体現されている。輿情主体としての民衆は個人、グループ、社会組織という三つの部分に構成され、民衆の具体的形式は個人でも、グループでも、社会団体、もしくはある組織の部門であってもいい。異なる人たちは異なる訴えと目的があって、共通の問題に対しての態度も異なる。主体の多重階層と多元化は、輿情に反映されているのは多元的な社会関係であることを決定づける。

（4）輿情主体の機能

①言論の発表によって輿論を影響、誘導する重要な力になる

インターネットの時代に突入して以来、ネット輿情は人々が社会輿情の動向を分析、予測するための重要なバロメータとなった。ネッ

トの便宜性と相互作用性によって、一般民衆が意見を述べるとき、地域に制限されず、ミニブログ、微信、論壇などでインターネットにおいて、自分の切実な利益に関わる事件について、政府、メディアと対話し、政策、法律法規、問題など公共事件について言論を発表し、輿論監督を行い、ないし事件の最終決着に影響を及ぼすことができるようになった。例えば、孫志剛事件、杭州暴走車事件、山西ブラック煉瓦窯事件、華南虎写真事件など一連の事件に対し、ネットユーザーがインターネットを通じて、真相を暴露し、もしくは個人の言論を発表して、自分の間近な事件を天下の事件にした次第である。日々社会に発生した多数の事件に対して、個々のネットユーザーは自分の興味、願望と利益によって言論を発表し、利己的な善悪判断を下し、社会事件の輿論の動向を推し進める。ネットユーザーは、分散性、異質性と特徴があるが、オピニオンリーダーに追随し、雪だるま式に強大な輿論情報の流れを形成し、全社会の判断動向に影響を及ぼすことがありうる。

②民主主義と法治主義を推し進める重要な力になる

輿情主体のスムーズな輿情表現は社会の良性的な発展に寄与し、政府の科学的管理と正確な意思決定にも有利で、国家政治の民主化と法治化を推し進めることになる。政府の打ち出す決定は、あらゆる社会構成員の合法的な権益に関わり、経済社会の正常の運営にも影響する。したがって、意思決定の科学化を強化し、社会的リスクを回避するために、関係部門は政策を制定する前に、社会各分野、各業界の意見を求め、民衆を討論に参加させ、全社会の願望と要求の「最大公約数」を見つけ出し、最大限の社会共通認識を形成させる。同時に、中国の改革開放の深化と発展に伴い、民衆は社会公共管理に参加し、政治的な訴えを表現する情熱も絶えず高まりつつある。勃興するインターネットも民衆の政治活動に技術的なサポートを提供する。開放的な輿論環境の下で、公衆はネットメディアを通じて、打ち出される直前の政策に対して、本当の情緒、態度と意見を表し、政策決定に影響を及ぼし、民衆の公共利益を実現し、民主主義と法治主義を推し進め、社会の調和のとれた発展を要求する。

例えば、2007年3月、趙玉芬氏ら105名の全国政治協商委員が

連名で「区画整理議案」を提出し、厦門の PX 事件を国内関心の焦点にした。其の後、PX プロジェクトはそれによって停滞したのではなかった。2007 年 5 月に沸騰したネット輿論と 6 月初めに発生した厦門市民の「散歩」（抗議）事件が、現地政府の執政能力に空前のチャレンジを突き付けた。民意の推進によって、厦門市政府は民意を尊重し、民生を尊重することから出発し、公衆の参与プロセスを起動し、PX プロジェクトは最終的に妥結した。この事件において、ネットユーザーの政治態度の表現が、重要な役割を果たした。

③監督権を有効に行使し、ネット輿論監督を行う

古人曰く、天下の目で見れば、見えないものもなく、天下の耳で聞けば、聞こえないものもなく、天下の心で配慮すれば、知らないものはないだろう。共産党の十八回大会は、党内の監督、民主的な監督、法律による監督、輿論監督を強化し、人民に監督の権利を行使させ、権力を日差しの下で運用させることを提唱した。伝統的なメディアの時代では、人民は新聞、雑誌、ラジオ、テレビなどで輿論を形成していたが、新メディアの時代では、あらゆる人がバイクを持つ記者になり、社会生活に不良な行為を見つければ、ネットの場で即時、自分の意見を十分表現することができ、伝統社会のエリート階層の言論独占を打破した。伝統的な輿論監督方式に比べて、ネット監督はより直接的で、より鋭く、より徹底的に、より隠蔽に、より監督者の合法権益を守りやすく、より共産党と政府の清廉潔白を促すことができる。ネットメディアの伝播特性により、輿情情報は瞬間的に拡散し、広い範囲で強い社会的影響を及ぼし、輿論攻勢を形成し、政府部門の態度を明確にさせ、社会改良の目的を達成する。したがって、インターネットの時代、輿情主体としてのネットユーザーが、思うままに監督権を行使し、見くびることのできない輿論監督の力となった。

ネット技術の発展により、インターネット輿情産業は政府と関連部門の意思決定の重要な参考になっている。しかし、ネットユーザーの意見はすべての社会グループの意見を完全に代表しているわけでなく、社会民意システムの一つの構成部分と見なされるはずである。中国のインターネット発展の歴史は 20 年しかなく、ネットユー

ザーの輿情表現意識と素質はまだ発展途上にあり、ネットユーザーがネット言論をもって輿論を誘導し、影響し、政治の民主化と社会管理の進歩を推し進めることにおいてまだ未熟である。ネット表現の中で、非理性的、情緒化、道徳欠乏、責任感欠乏などの問題は、ネット空間を汚しただけではなく、本当のネット民意を晦ました。悪意をもった個別の人とグループは、ネットデマを利用して、社会を撹乱し、国家を分裂させる政治的目的を達成しようとしている。

従って、ネット意見は意思決定における重要な参考になり得るが、決定的で唯一の要素とみなすべきではない。我々は、ネット輿情主体の地位を重視すると同時に、社会輿情および現実の中にいる輿情主体を無視すべきではない。

2　輿情の客体

輿情は一定の社会空間の中で、ある社会事象を巡って、民衆が国家管理者に対してもつ社会政治態度である。したがって、政治政策の決定者と執行者と彼らの行為は輿情の客体となる。輿情を引き起こす社会状況、民衆の社会利益、社会関係、社会観念に相関する公共事務および公共性のある問題も輿情の客体である。輿情はえてして論争の激しい事象に対して発生するものだ、それらの事象はポジティブでも、ネガティブでもあり得る。後者はより民衆に注目され、民衆の非理性的な情緒と非理性的な輿情を引き起こしかねない。

3　輿情本体

輿情本体を理解するためには、態度と意見の関係に注意を払うべきである。態度は、潜在的な心理傾向で、意見と行為によって推測される。意見は通常顕在で、問題に対する言語反応である。態度は情感、情緒、すなわち本能的な好感と反感で、あることに対する傾向である。意見は熟慮による理性的な決定で、思想性を持つ。態度は、普遍的な刺激によって生成された総合的で固定的な反応傾向で、意見生成の固有原料と深層の動機である。意見は特定の状況下である特殊の議題に対する主観判断である。輿情の本体は態度を含む。態

度は理性の認知と情感情緒の二つの側面をもつ。輿情研究は民衆の意見に注目すべきであるが、潜在的な固有の態度を探ることがもっと重要である。また、実際に態度と意見は常に融合しており、引き裂くことができない。態度の中に意見あり、意見の中に態度ある。輿情概念の中の態度の意味は広く、人々の主観的感受の三つの内容、すなわち、感情、認知と意志を含む。感情は喜怒哀楽などの情緒を主な内容とする要素であり、その特徴は変動しやすく、コントロールを失いやすいことである。認知は人間の心理活動の中で比較的に安定で深刻な部分であり、一般に価値観、人生観など、社会や人に対する基本的な判断である。意志は社会行為の準備状況もしくは社会行為への反応方向である。行為の意向と本当の行為の間に差異がある。意向から行動への発展にある要素を研究することによって、輿情の動向を予測し、行動爆発の臨界点に達したか否かを判断することができる。輿情は民衆の各種の態度の総合であり、これらの態度は内容が豊富なうえに、構造が複雑で、顕在性と隠蔽性がともにあり、安定性と流動性も両方ある特徴をもつ。顕在の態度は、関わる民衆の数量が大きく、伝播範囲が広く、おもに公知の重要問題に対する態度である。これらの問題は常にメディアに出現し、個人と社会に重要な関係があり、民衆の思考の対象になっている。潜在的な態度は主に民衆の消極的な見方で、自分もよくわからないかもしれない。ただし、特殊の環境下で、喚起される可能性がある。安定的な態度は民衆が長期的に持っている価値観、イデオロギーと信仰である。これらの態度は変化しにくい。流動的な態度は非常に不安定で、常に変化する。この種の態度は民衆があまり理解していない問題、あるいは細かく推敲していない問題に対する即刻思考である。

4　輿情空間

（1）輿情空間の概念

　輿情の生成と変化は具体的な時空において進行する。輿情の主体と客体が空間の中で他の基本要素と相互作用する情景である。これ

は全方位的な概念であり、歴史的な要素をも含み、社会的要素も含む。ハード空間とソフト空間に分けることができる。ハード空間とは輿情が発生、伝播する有形の場所であり、例えば組織か団体の活動空間（教育現場、仕事現場）、地域生活空間（コミュニティと居住区）、施設場所（会館その他社会的な場所）、日常活動空間（家庭、付き合い、娯楽生活の場所）である。古来、郷里の学校、市場、祭り、喫茶店、酒場、民家結社などは、民衆の思想交流と情緒排泄の重要な場所であり、輿情主体としての民衆の社会政治に対する態度が発生して、表現される場所である。ソフト空間とは、輿情の生成、変化と発展に影響する無形の要素であり、法律、道徳、社会的役割規定、伝統文化、風俗習慣などを含む。E・A・ロス氏が 1901 年に出した「ソーシャル・コントロール」に指摘されたように、社会的制裁は、意識された、目的のある社会統治である。社会統治は三つに分類される。意志に対する社会制裁、情感に対する社会制裁と判断に対する社会制裁である。社会制裁の手段も、二つに分類される。倫理的制裁手段、すなわち輿論、暗示、個人理想、社会宗教、芸術と社会の評価などの制裁手段であり、それに、政治的制裁手段であり、それには法律、信仰、礼儀、教育と幻想が含まれている。

　日常生活の中で、想定外のことは毎日のように発生している。それだけでは、民衆の注意を引くことができない。民衆の利益に密接な関係のある公共事件が発生した時のみ、輿情が触発される。一旦輿情が形成されれば、一定の時間にわたって存在し、個人と社会環境要素の影響下で絶えず変化し、発展する。

　輿情が民衆の意趣、嗜好に合えば、もしくは、民衆の切実な利益に関われば、その影響力が強く、持続時間も長い。逆に、もし各方面の利益の衝突が即時に解決されれば、すぐさま、民衆の注目を失うので、その輿情の持続時間は長くない。

（2）輿情空間の特徴

　輿情空間の主体と客体は、環境の変化に伴って絶えず変化する。変化は絶対的であり、不変は相対的である。絶えぬ変化の中で、輿

情空間は以下のような特徴を呈する。多様性、相互作用性、流動性、相対的な独立性と境界線の曖昧性。

① 輿情空間の多様性

空間内容お多様性は輿情主体の多様性によるものである。輿情主体としての民衆と国家管理者は両方輿情空間内に存在し、一定の社会空間内で、社会事件の発生、発展と変化を巡って、民衆の国家管理者とその政策に対して持っている信念、態度、意見と情緒などの表現は徐々に合流し、各種の形式で国家管理者に作用する。国家管理者の特徴は、環境への適応性である。管理者は絶えず環境の変化によって自分の価値観、役割と行為を調整する。国家管理の多元性、政治性と公共性などが、管理者の多様な役割を決定づけた。輿情主体は空間の中で各種の有形、もしくは無形の制約を受けているので、輿情主体も多様性に満ちている。よって、輿情空間も多様性に満ちている。

② 輿情空間の相互作用性

輿情空間内では、輿情主体としての民衆と国家管理者の政治態度は絶えず変化しており、片方の変化はまた、もう片方の変化を引き起こし、双方が絶えず影響しあう。輿情主体の相互作用性によって、輿情空間も相互作用性をもつ。

③ 輿情空間の流動性

輿情空間内では、民衆、国家管理者は、社会事件の発生、発展と変化、とそれによって変化する自分の利益によって輿情空間に変化をもたらす。変化は絶対的であり、不変は一時的で相対的である。

④ 輿情空間の相対的独立性

輿情空間内では、いかなる社会事件の発生、発展と変化も輿情主体と客体に変化をもたらしうる。この種の変化は、ある区域、ある時間帯の中で発生、発展し、相対的な独立性をもち、全領域と全局に波及しないのは普通である。たとえば、2014年のスコットランドの独立を問う住民投票である。それによって起こった輿情はイギリス国内に大きな影響があるが、それ以外の国と地域に強烈な輿論反応を引き起こさなかった。この事件

は相対的な独立性をもつ。

⑤　輿情空間の境界線の曖昧性

おなじスコットランドの住民投票をとってみると、それはイギリスには直接影響するが、欧州の関連諸国にも間接的な影響がある。しかし、それらの間接的な影響の境界線は曖昧である。スコットランドの住民投票は、一体どんな面で欧州に影響するのか、欧州のどこに影響するのか、だれもはっきり説明できない。その境界線が曖昧である。輿情空間のその特性により、我々は輿情を分析、認識する時に、必ずダイナミックで、全局的な視角で問題を捕らえ、民衆と国家管理者を見なければならないし、民衆の態度と行動傾向に影響するソフト空間要素、および意思決定を制約する各種の有利と不利な要素をも見なければならない。いかなる輿情も、社会空間内の情緒、態度と意見であり、その空間を失えば、人と人との交流および外部との交信も途絶え、輿情の形成も不可能になる。

三　輿情の表現と影響

1　情緒

情緒化は輿情表現の重要な特徴である。情緒とは、認知と意識の過程で生成する外部事象に対する態度の体験であり、人間の脳は客観的な外部事象と主体の需要との間の関係を反映するものであり、個体の需要を媒介とする心理活動である。人間の需要は多種多様であり、物質的な面もあれば、精神的な面もあり、したがって複雑な情緒を生成する。情緒発生の速度、強度と持続時間によって、心境、激情とストレスの三つに分類される。

（1）心境。心境は、微弱で、拡散的で、持続の情緒である。えてして、具体的で直接的な原因によるものである。この種の愉快もしくは不愉快はかなり長く持続する。この種の情緒を仕事、勉強と生活に持ち込めば、人の感知、思考と記憶に影響する。愉快の心境は人を元気にし、その感知を鋭くし、思考

を活躍させ、人を寛容的にさせる。逆に不愉快の心境は人の元気を奪い、感知と思考を鈍くし、人を疑い深くし、何事についても暗く見るようにさせる。

(2) 激情。激情は、猛烈で、迅速で、短期間の情緒である。例えば、狂喜、憤怒、恐怖、絶望とかである。激情は言語によって爆発されれば、心理エネルギーの解放となって、長期的にみれば、心身の健康に有益であろう。しかし、過激な情緒は危険をももたらす。激情の状況下では、人の理解力、自制力が低下し、自己コントロールを失うかもしれない。

(3) ストレス。ストレスは生命体が内外各種の環境要素と社会、心理的要素の刺激を受けたときに現れる全身性、非特異性の適応反応である。危険、もしくは緊迫な状況下で引き起こされる高度に緊張した情緒状態である。ある事件がストレスを引き起こせるか否かは、刺激の性質と強度に影響されるが、個体の心理状況、経歴、遺伝、後天の学習訓練などの要素にもよる。

2 願望

願望とは民衆の意向である。民衆が輿情を表現して、それを広く伝播する重要な目的は、ある種の問題を解決しようとする期待、意見、もしくは要求を表現し、圧力を加えることである。輿情の中の願望の表現は四つのレベルに分けられる。一は期待である。すなわち、政府、もしくは関連部門にある種の措置をとって、事件を自分に有利な方向へ発展させたい期待である。例えば、法律法規の修正である。二は意見である。すなわち、具体的な行動案を提出し、国家政策の制定者の参考にさせる。例えば、毎年の人民代表大会と政治協商会議で、人民代表は一地方の民衆を代表して、民衆から収集した意見を十分に説明し、国家部門の重視を期待する。たとえば、2014年、人民代表大会と政治協商会議の会期中、460件を超える議案が提出された。三は要求である。要求は期待と意見よりも実直で、自分の希望を明確に提出することに当たる。たとえば、2014年3

月にマレーシア航空 MH370 便の事件が起きた時、憤怒した乗客の家族がマレーシア政府に価値のある捜査情報を公開するよう強く要求した。四は呼びかけである。すなわち、人々を動員することである。ある事件をめぐる署名活動などは、呼びかけにあたる。同じ主張を持つ人たちは、署名によって支持を表すことができる。

3 態度

態度とは、個々が特定の対象（人、観念、状況、および事件など）に対してもつ安定的な心理傾向である。この心理傾向には個々の主観評価（賛成か否定か）、およびそれによる行為の傾向性を含む。国家にとっては、民衆と国家管理者の持っている基本態度が存在する。前者は後者を受け入れるか、尊重するか、頼りにするか、後者の地位、権力と権威を認めるかは態度である。

態度は人々が社会生活の中で学習と経験の蓄積によって形成される。態度は心理傾向にすぎず、内在的な心理変化の過程であり、行為そのものではない。態度は観察によって感知されないかもしれない。個々の外部行為で推測、評価する。

現在、多数の社会心理学は、態度に対して三元論の見方をする。それによると、態度の心理構造は主に三つの要素をもつ。すなわち、認知要素、情感要素と意向要素である。認知要素は、個人が対象を評価するような陳述である。陳述の内容は、対象への認識、理解、信用、懐疑、賛成、反対などを含む。情感要素は、事態が対象に対する一種の情緒体験である。例えば、好き、嫌い、憎悪、尊敬、同情などである。意向要素は個人が対象に対する反応傾向と行為の準備状況であり、個体が対象に対して何らかの反応を示そうとしている状況である。一般的に、態度の各成分の間は調和されて、一致している。一致していない時は、えてして情感要素が主導的な地位を占め、態度の基本的な方向性と行動傾向を決める。

心理学者によると、態度の機能は以下にある。

（1）道具的な機能：適応機能ともいう。この種の機能は、人々に他人の賛同と奨励を求めさせ、他人の要求と一致させ、懲罰

を回避させる。例えば、子供が親に対する態度が、適応態度の代表格である。

(2) 認知機能：我々が関連知識をつなげ、世界に意味を持たせる機能である。我々の知識獲得に有益な対象に対して、我々は積極的な態度を与える傾向にある。

(3) 自己防御機能：態度は、奨励と知識を獲得すること以外、情緒の衝突を処理し、自尊心を守ることにも寄与する。この観念は精神分析の原則からきたものである。例えば、ある人は、仕事の能力が低いのに、いつも同僚や上司の文句をいう。このネガティブな態度の本当の目的は自分の能力が低いという真相を覆うためであった。

(4) 価値表現機能：態度は人々が自分の核心的な価値を表現する機能をもつ。例えば、ある青年がボランティア活動に積極的な態度を持っている。これはこの活動が彼の社会責任感を表現できるからである。この態度は、彼に内在的な満足感を与えている。

態度の形成と変化についての研究は、我々が輿情誘導問題を認識するために役立つ。輿情引導の実質は、一定の方法と手段をもって、消極的、もしくは不利な輿情を積極的で有利な輿情に転換することである。現在、態度変化の理論は主に五種類ある。学習理論、社会判断理論、認知失調理論、機能理論と態度改造三段階理論である。態度を変える方法は、主に、宣伝法、役を演じる方法、団体影響法と活動参与法などがある。これらの理論と方法は輿情引導の実践に吸収、参考される。

4　意見

意見は人々の物事に対する見方と考え方である。輿情の範囲の中では、意見は民衆がホットな輿情事件に対して、言語で表現した態度、見解、意向である。意見と態度の関係について、米国の輿論学者ウィリアム・アルベグ氏は著書『輿論：イントロダクション』で以下のように述べた。意見は態度の言語表現である。いかなる意見

も、態度の中の情緒、認知と意志の三つの成分を含み、陳述性と傾向性という二つの特徴をもつ。言語表現をされていない態度は、心理状態にすぎず、意見を構成していない。傾向性のない客観的な陳述も、科学研究の範疇にあって、輿情、輿論意義上の意見ではない。したがって、態度と意見は輿情の中の公開と非公開、外に示すと内部に隠す、との区別がある。ある人の意見は、その人の内在傾向（信念、態度、価値観）に等しいとは限らない。しかし、意見は、態度を図る道具と媒介としての意義があり、意見を通して、人間の内在的な基本信念と態度を見通すことができる。また、意見は言語行為であり、内部状況と行動傾向の両方を反映する。

　20世紀70、80年代に、エリザベス・ノエル・ノイマン氏は、沈黙螺旋理論を提出した。その理論が以下のことを指摘した。自分の観点が公衆の中で少数だと思った場合、人々は自分の見方を伝播しない傾向にある。逆に、自分の観点が大多数の人と同じだと思った場合、人々は、それを言い出す傾向にある。しかし、メディアは通常多数派の観点に注目しがちで、少数派の観点を軽視する。よって、少数派の声がどんどん小さくなり、多数派の声がどんどん大きくなり、螺旋式に上昇するモデルを形成する。意見は態度の忠実な表現とは限らない。人々はグループの圧力によって、みんなの意見に付随したり、沈黙を保持したりする。輿情で問われているのは世情民意の真相である。したがって、この種の本当ではない輿情反映に対して、もっともいい解決法は、輿情調査を行うことである。ネット上の意見表現は、現実社会の中の束縛メカニズムに束縛されないこともあって、ネットユーザーは、インターネットにおいて、より実直に自分の見解と主張を表すことができる。ゆえに、ネット輿情は、社会に重視されつつある。

第**3**節
メディアが多様化した環境における輿情の特徴

一　メディアが多様化した環境において輿情の交わりは国境を越えた

1　インターネットの隆興

　人民網が発表した『2013年中国インターネット輿情分析報告』によると、2013年のホットスポットの中で、国際的な議題が相当に多い比例を占めている。国内の民衆がブログ、ミニブログ、論壇などネットプラットフォームにおいて、国外のことに対しても観点と見方を表現するようになっている。2013年6月、米国CIAの元職員エドワード・スノーデン氏が米国国家安全局の秘密電子盗聴プロジェクト：プリズムを暴露した後、香港に逃亡し、中国ネットユーザーの関心を引き寄せた。プリズム事件は米国人を、2012年ヒラリー・クリントン前国務長官が標榜したインターネット自由の道徳水準から、地に落とした。それと同時に、中国のネットユーザーが近距離で世界のホットスポットに同時に参与するチャンスを与えた。ネットユーザーは米国式の自由の二重基準を嘲笑った。また、香港がミルク購入を制限したことも、中国大陸で大きな「輿論地震」を引き起こした。

　太平洋の彼岸にあるアメリカ合衆国であろうと、香港であろうと、これらの地域のある突発事件は、中国大陸でこれほどの反響を呼んだのは、インターネット発展の結果である。伝統的な検閲者が存在せず、いかなる団体も個人も自由に情報を伝送し、自分の見解を表現する。しかも、インターネット上の情報伝達の速度は光速そのものである。どんな情報でも瞬間的に全国各地に伝わる。政府のネット情報流通に対するコントロールも、伝統メディアに対するものに

比べると、弱い。これらの要素は、事件の関連情報流通の周期を大幅に短縮させ、流通の面を大きくし、ある地域に発生した事件が瞬間的にネットユーザーの関心と討論を引き寄せ、ネットユーザーの情緒を刺激し、社会的なホットスポットの形成を可能にする。

インターネットは、相互接続、快速適時、匿名隠蔽、地域を跨って国境をないがしろにすることなどの特徴があって、開放的なプラットフォームであり、現実生活の中の各種の制約を受けない。

ネット伝播は高度な相互作用性を持ち、情報拡散の効果を強化した。通常、一定地域に発生した地域性事件は、短時間で数万ないし数百万のネットユーザーを引き寄せて、評論を発表させることができる。これらの参与者は、事件発生地の人であり得るし、遠く海外の人でもあり得る。

ネット環境下では、人と人の連絡は便利になり、一瞬にして大量の情報を世界の隅々に伝播することができ、国境を打破し、短時間で同一の話題を巡る討論の趨勢を作ることできる。これらのネット参与者は地域、地位、国籍を問わず、文字、画像、映像、音声などの情報をもって交流することができる。国境なき自由な空間で、一声で盛大な反響を呼ぶことができる。

ネットメディアは、その快速性、地域を超える性質、紙面レイアウトの制限を受けない性質などの技術的優位性により、国内外の多くのニュースを伝播した。ネット時代では、社会輿情情報のソースは新聞、雑誌、出版物の読者の便り、テレビとラジオ局などの視聴者のフィードバック、関連部門の調査以外に、より多くは、ネット上の評論 BBS、ミニブログ、ブログ、論壇などである。インターネットの急速発展は、社会輿論に大きな空間を与えた。伝統の輿情情報に比べると、ネット環境下の輿情情報はより便利で、即時で、全面的である。

インターネットの快速の発展は、中国社会の輿論に大きな空間を開いてくれた。それと同時に、ネットユーザーは普遍的に強烈な参与意識を表している。ある問題、もしくは事件をめぐって、意見を発表し、評論を行う過程で、多くのネットユーザーが参加し、相互に作用する場面を形成し、賛成と反対の観点が同時に出現し、討論、

論争、合流、衝突などが発生する。ネットユーザーは単なる情報を受け取り手ではなく、社会問題、突発事件の情報発布者でもあり、社会管理の積極的な参与者でもある。

2 グローバルな問題突出

20 世紀以来、人類は重大なグローバルな公共議題に面している。例えば、地球温暖化問題、テロの問題、病気の問題、戦争問題、犯罪問題、覇権主義の問題などである。これらの問題の公共性は、世界的な輿論の関心を引き寄せている。これらの問題の解決にも、国際的な多角的な連携が必要である。この中で、国家の行政主権の境界線が弱体化する。

例えば、2003 年の SARS 事件である。2002 年 12 月、広東で SARS のケースを発見した後の三か月間、中国メディアは各種の原因によって、関連情報を即時報道しなかった。それで各種のデマが広く伝播し、それなりに社会的恐怖を引き起こした。而して、一部の外国メディアは、言葉を濁して報道し、いろいろな憶測を混ぜて、情報のゆがみを作り出した。これらの情報は各種のチャンネルを通じて、国境を越えて重大な結果を招いた。一方、メディアの所在国では、中国についてのネガティブな情報となり、近年蓄積されてきたポジティブな情報の信憑性を損なった。他方、中国国内においては、外国メディアの情報によって、一部の国民は政府の公信力を疑い、デマの伝播を更に激しくした。SARS 発生から四か月の長い間、衛生部門の鈍い反応と国内メディアの一斉の沈黙は、中国政府を西側メディアの絨毯爆撃の対象にし、中国政府の公信力と国際的なイメージにネガティブな影響を与えた。

2014 年 2 月、西アフリカに大規模なエボラ疫病が発生し、世界各国のメディアに注目され、各国と国際機関は救援に乗り出した。中国の各種のメディアプラットフォームにもエボラについての情報と意見が充満した。遥か西アフリカに蔓延するエボラであるが、中国政府は最大限にそれを重視し、最優秀の専門家を現場に派遣し、物質と経費の面でも支援し、国際的に好評を博した。中央テレビ局

をはじめとするメディアは、リアルタイムでエボラについての最新情報を報道し、この疫病についての知識を宣伝し、中国国内民衆の不安な情緒を宥めた。

一国の政策の透明性は、本国の国民のみならず、国際社会の検証と監督も受けなければならない。一国の政府は自国民だけではなく、世界の人々に責任を果たさなければならない。多くの議題は、単なる「内政」ではすまされない。情報のグローバル化は、これらの議題をグローバル化した。中国でも、この種の案件は多くある。毒ミルク事件、暴力で陳情を阻止する案件、野蛮な区画整理などは、国際社会では、人権問題として扱われている。

二　ネット輿情の衝撃によって各利益階層が連盟に向かう

階層の分化は、本質的に社会資源が社会の中で非均等に分配され、異なる社会グループに属する人が持っている富、教育機会、名声が不平等であることによる。社会階層の分化は各階層の間に社会、経済、生活様式と利益の認定に差異、ないし大きな衝突をもたらす。たとえば、金持ち憎し、官吏憎し、医者と患者の対立、労使の対立などである。中国の経済体制改革に伴い、中国社会の構造に深刻な変化が起こり、改革前に二大階層であった労働者と農民は、いずれも明らかに変化し、かつてない新しい社会階層が出現した。

注意すべきは、社会の急速な転換に伴い、社会の利益構造が絶えず再編され、ことなる利益グループの間の対立と衝突が激しくなる傾向にある。市場経済の発展と人々の民主、法治意識、権利保護意識も高まり、異なる利益グループは各種の形式で自分たちの要求を訴えるようになった。インターネット技術と自己メディアの勃興は、意見表現、思想交流の強力なプラットフォームを提供している。民衆は現実の生活よりも、積極的に発言するようになった。インターネットは地域、階層、職業、文化などの制限を超越するので、より多くの民衆が自由に意見を表現することができる、議論が深まり、強烈な共鳴が発生したりする。

ネット興情は多数のネットユーザーが自分の関心事に対して、強熱な傾向をもつ思想、観点と態度の総合である。ネット興情は市民による利益の訴えと価値観がインターネットに浸透した外在の表現であり、ネット興情が反映している問題、態度傾向、価値目標は、社会の実際の状況を映している。ネットメディアの時代では、各階層の間の競争の空間が更に拡大し、各階層の人々は各種の資源を利用して自らの利益と地位を確保しようとし、階層関係を複雑にしている。特に弱い立場にいた階層も、新しい技術を駆使する意欲は高い。

　利益の多元化によって、利益主体の分類も細かくなった。絶えず現れる新しい問題に対して、異なる利益主体は歩み寄り、連携して共通の訴えを表現することもある。例えば、腐敗に反対し、社会の公正を実現することに関しては、各階層の態度が一致し、中央の反腐敗運動に積極的な評価と称賛をしている。また、公益性の高い権利については、同じ意見と行動をとることがある。例えば、厦門のPXプロジェクト事件では、厦門市街地の生態環境と住民の健康権を維持するために、厦門市の富裕層と中産階級は暫定的な連盟を結成し、政府とプロジェクト責任者と交渉し、集団でデモを行い、PXプロジェクトの撤退を勝ち取った。貧富の差がますます拡大するにつれ、金持ちと官僚を敵視する情緒が激しくなる。特に、官民衝突の事件ではそうであった。2009年5月16日、瀋陽市の行商夏俊峰と妻が道路で露店を出す際、都市管理の役人に処罰された。そこで衝突が起き、夏はナイフで役人二人を刺殺し、一人に重傷を負わせた。2011年5月9日午前、この案件の判決が確定され、遼寧省高級裁判所は夏を故意殺人の罪で死刑に処した。

　2013年9月25日、最高裁判所は死刑の執行を批准し、夏の家族は最後の面会の機会を与えられた。この情報が伝わると、強烈な反響が起きた。ネット輿論は、夏支持の一辺倒になり、夏は英雄視され、殺された二人の役人は、民衆に嫌われ、その家族の個人情報も漏れ出し、家族まで攻撃された。

　役人が悪いという固定観念の下で、社会民衆は自分を政府の対立面に置いて、一旦官民衝突があれば、官が悪いと決めつける。

　あと、区画整理、土地収用の問題において、地方政府と開発企業

と整理対象となった住民は対立する図形になっている。都市の改革と建設において、土地収用は普遍的な問題である。ある地域の住民は利益分配に対して不満をぶちまけたら、必ず他の地方の群衆の呼応と支援が得られ、政府と開発企業が社会輿論の批判の対象となってしまう。

三　輿情が社会の隅々に浸透し、ネガティブな輿情が突出する

インターネットの急速な発展によって、インターネットは新聞、ラジオ、テレビの次の第三の新興メディアとなった。2014年6月に、中国ネットユーザーの規模は六億人以上に上り、インターネットの普及率は46.9％に達した。ネットニュースを閲覧し、ミニブログをチェックし、評論を発表することは人々のネット使用の常態となった。ネットは、市民が政治に参加し、政府が民間の知恵を汲み取るプラットフォームとなり、社会文明の進歩の重要なチャンネルとなった。ネットをベースとした新興メディアは民意表現の空間を開拓し、民衆の精神的な訴えをアクティブにし、社会輿論の向きに影響を及ぼしている。しかし、検閲者の欠如によって、極端で、片面的で、非理性的で、情緒化の輿情表現が増えつつ、伝統的輿情表現の構造を崩した。

1　インターネット技術は言論表現に技術的な便宜性を提供した

社会主義的民主政治の建設に伴い、中国民衆の権利意識、表現意識と個人認識が次第に増強しつつある。ネット技術の繁盛は民衆に社会管理参加と自己権利保護に技術的なサポートを提供した。ネット世界の開放性と匿名性は、人々をより率直に内部世界を表現するようにした。ネット空間に入って市民は各種の論壇、ブログ、ミニブログなどで自分の切実な利益に関係することや自分が関心を寄せている公共事務に対して意見を発表し、ネット民意の波を形成して

いる。例えば、天涯論壇、西祠胡同、百度貼バーなどでは、政治、経済、文化、教育の各分野についてのモジュールを開設し、ネットユーザーはそこで自分の意見を述べ、社会的な支援を呼びかけることができる。また、ある社会的にホットな事件に対し、言論を発表する。また国家の政策に対して、支持、または反対を表明する。

インターネットの繁盛によって、世界中いかなる隅っこも社会的注目の焦点となり得る。どんな辺鄙な山村でも、ネットの接続線が一本あれば、世界の焦点になることが可能である。世界は多様であり、毎日いろんな事件が発生し、新鮮さ、重要性さえあれば、ネット民意の波を形成しかねない。

2 社会変革期に激増した社会問題が輿情の発生に土壌を与えている

現在、中国は経済社会全面発展のチャンスに恵まれているが、社会的対立が激しくなる時期でもある。歴史が残した古い問題、たとえば、貧富の格差、社会資源分配の不均等、医者と患者の対立、就職難などがあれば、新しい問題、たとえば金持ち二世の誇示、大学生の就職難などもある。新旧の矛盾が交わり合っている。改革の深化は異なる利益グループ、たとえば、農民グループ、ホワイトカラーグループ、企業家グループなどを形成させた。利益の異なるグループの間に、摩擦や衝突、対立が生じてしまい、複雑なグループ間の関係を成している。

ニコラス・ネグロポンテが指摘したように、情報化社会の基本要素は原子ではなく、ビットである。ビットが伝播する時、時空の障害をものともしない。

どんな偶発の事件でも、ネットで伝播、拡散すれば、雪だるま式に、強烈な社会的事件に発展しうる。事件が速やかにされなければ、下心をもつ人たちに利用される可能性がある。例えば、「甕安事件」はそうであった。主観的と客観的な要素の作用によって、ネガティブな社会事件が頻発し、人々の情緒もますますいらいらするようになり、その過程において、インターネットはネガティブ情緒の増幅

85

器になり、社会に不良な影響を与えている。

3　ネットにおける検閲者機能の弱体化

　検閲者はニュースメディアシステムの中で決定的な場所を占め、情報に対して、濾過と加工を行う人、または組織である。伝統的なメディア環境下では、大衆メディアは政府に固く掌握され、政府の輿論宣伝道具になっている。民衆は発言するプラットフォームがなく、受動的に情報を受け取っているだけで、大衆メディアと政府組織が提供した情報をもとに、価値判断をしていた。しかし、インターネットの時代では、大衆メディアと政府組織の情報統率力が弱まり、あらゆる人がいつでもどこでも情報を伝えたり、受け取ったりすることができ、時空の制限をもうけない。携帯とネットを通じて、利益を訴え、社会の醜悪を暴き、公権力の行使を監督する活動がますます一般的になった。以前は権力者とエリートしか発言権をもっていなかったが、現在では、社会的に弱いグループを含めて、一般大衆もある種の発言権を手にした。情報伝達の形式も、文字、音声、画像と豊富になり、速度も速く、政府に反応する十分な時間を与えず、情報統率の難度を増し、輿論統率崩壊とネットデマの横行を招いてしまった。

　社会でネガティブなエネルギーがポジティブなエネルギーを上回れば、住民の幸福感と安全感が希薄化する。一旦下心のもつ人に利用されれば、扇動的な言論が盛んになり、社会的な安定を維持しにくくなり、調和のとれた社会を建設するには不利である。如何にインターネットを運営し、管理し、それを社会主義先進的な文明を伝播する前哨陣地にし、公共文化サービスの有効なプラットフォームと、民意と社会輿論の集散地を提供するかは、今、共産党と国家管理者の重要な課題となり、厳しい挑戦でもある。

第 **3** 章

ネット輿情の成因および変遷

第1節
ネット輿情の内包と種類

一 ネット輿情の内包

1 輿情と輿論

　天津社会科学院輿情研究所王来華氏は中国国内ではじめて輿情を系統的に定義した人物である。彼の研究によれば、輿情とは、一定の社会空間内において、社会事件の発生、発展と変化をめぐって、主体としての民衆が客体としての国家管理者に対してもつ社会政治態度である。これは輿情概念の起源であった。王氏の輿情定義は社会的政治意義に基づいている。狭義的な輿情の定義とみなされている。

　同研究所の劉毅氏は、これを基礎に、輿情の主体と客体を拡充した。彼の定義では、輿情は個人および各種の社会グループによって構成された公衆が、一定の時期と一定の社会空間において、自分が関心を持つ、もしくは自分の利益に関わる各種の公共事務に対してもつ各種の情緒、願望、態度と意見の総合である。この定義は輿情の主体、客体と本体を明確にした。

　社会の発展に伴い、人々は自分の観点と見方を表す意欲がますます強くなり、輿情の定義に新しい内包を与えている。一方では、輿情の客体は公共事務だけではなく、一部のプライベートの事柄も含むようになった。例えば、エロ写真流出事件というプライベートな事件が倫理道徳に関わるから急速に公共の話題となり、注目を引いた。また、輿情が含んでいるのは情緒、態度のみならず、一部の言論には扇動性があり、行動につながる傾向がある。例えば2008年北京五輪のトーチリレー期間中のカルフール事件である。

　輿情と輿論は、関係こそあるものの、異なる概念である。

　輿論は人々の認知、態度、情感と行動傾向の集中表現であり、多数の人によって形成された一致した意見である。一定の人数に達し

ていない人たちの意見は輿論ではない。

それに対して、輿情は、人々の認知、態度、情感と行為傾向の原始的表現であり、零細でも、体系化されていなくても、多数に認められていなくてもよくて、多種の異なる意見の集合である。それは輿情と輿論の最大の区別である。

輿論は社会輿情を構成する一部分である。輿情はえてして輿論の形成を引き起こし、促す。輿論は社会輿情の方向を誘導、影響、決定、ないし反転することが可能である。輿情が合流するときに輿論に転換することがある。輿情をコントロールすることによって、それを輿論に転換させないことも可能である。

2 ネット輿情の内包

ネットの日進月歩に伴い、ネットユーザーの数量は急激に増えている。ネット上の各種の公共空間はネットユーザーに意見、態度、情感を表す場所を提供し、無視できない輿情現象を形成している。これをネット輿情という。

ネット輿情の内包について、学界の認識はまだ統一されていない。

定義の一つによれば、ネット輿情は各種の事件の刺激によって生成した、インターネット上の伝播を通じて、人々が当該事件に対する認知、態度、情感と行為傾向の集合である。ネット輿情の測定可能な四大要素は、認知、態度、情感、行為傾向である。

もう一つの定義によれば、ネット輿情はネットを媒体とした、事件を中心に、ネットユーザーの情感、態度、意見、観点の表現、伝播と相互作用およびその後の影響力の集合である。ネット輿情には、ネット、事件、ネットユーザー、情感、伝播、影響力という六大要素がある。

また、劉毅氏の著書『ネット輿情研究概論』によれば、ネット輿情は、インターネットを通じて表現、伝播される情緒、態度、意見が交じり合った総合である。ネット輿情情報は、民衆がインターネット上に発布、伝播した、輿情を反映できる文字、画像、音声、ビデオなどであり、文字形式を主とする。

第3章　ネット輿情の成因および変遷

二　ネット輿情の種類

　中国共産党中央宣伝部は、内容によって、ネット輿情を政治性の
もの、経済性のもの、文化性のもの、社会性のもの、と複合性のも
のに分けた。また、形成プロセスによって、ネット輿情を自発性の
ものと自覚性のものに分けた。国内外でネット輿情を分けることも
できる。また、内容によって、ネット輿情を食品安全、環境、医療、
教育、反腐敗、官員人事、交通、司法、企業と企業家のジャンルに
分類することもある。

　輿情事件のタイプと事件輿情のタイプは、完全に異なる命題であ
る。人民網輿情チャンネルは、輿情事件を以下の九種類に分類した。

　劉毅氏が指摘したように、ネット輿情は主にネット言論とネット
行為の二つの存在形態がある。また、羅絹氏は輿情主体の情緒の激
しさと行動傾向によって、ネットユーザーの行為を、理性的で温厚
型、情緒波動型、極端過激型に分類した。他に、注目度、重み、焦
点、敏感度、頻度、曲折、難度、疑問点、粘着性、発散性などのモ
デルでネット輿情を分析する手法がある。

第**2**節
ネット輿情の表現チャンネル

一　BBS（ネット掲示板）

　BBS は英語の Bulletin Board System の略語であり、電子掲示板とも言える。BBS は電子的な情報サービスシステムであり、ユーザーに公共の電子ボードを提供する。ユーザーがそこで情報を発信したり、意見を出したりすることができる。早期の BBS は教育機構もしくは研究機構によって管理されていたが、現在では多くのサイトが自分の BBS システムを装着しており、ネットユーザーにネット交流の場を提供している。

　現在、中国国内でも、BBS が普及しており、その数はすでに数えきれない。以下の六種類に分類することができる。

(1) 校内BBS。ほとんどの大学にはBBSがある。北京大の「北大未名」と清華大の「水木清華」が学生に好まれ、活発である。多くの校内BBSは学校のネットセンターによって建てられているが、プライベートなものもある。校内論壇の主なユーザーは学生である。学生の思想は通常活発である。このグループの人たちは潮流を追い、時事に関心を寄せ、思想が開放的で、自分の観点、見方を表す意欲があり、通常社会の中で積極的なグループであり、ネットの世界でも言論が多いという特徴がある。

(2) 中央の官製メディアが背景にあるネット論壇。例えば、強国社区、CCTV社区などである。

(3) 商業的なポータルサイトが背景にあるネット論壇。例えば、新浪論壇、網易論壇、鳳凰論壇などである。これらのサイトの毎日のアクセス件数は億単位である。ここ数年起きた多くの大事件は、網易のBBSを発端としていた。

(4) 独立系BBS。例えば、天涯社区、猫撲社区、カイディ社区、

中華論壇網などである。天涯社区は現在もっとも影響の大き
いネットコミュニティーである。観点のバランスを求めてい
るからである。

(5) 特殊な論壇。例えば、百度貼バーと豆弁の討論組である。周
知のように、百度は影響の大きい検索エンジンであり、ユー
ザー使用率は80%以上である。テーマをもって群衆を引き寄
せるので、集客力が強い。みなキーワードで検索するからで
ある。

(6) 個人BBS。個人が他人からの発想を借り、友人と交流するた
めのものである。

二　レス

ネットで発表されたコンテンツにフォローして、自分の意見を述
べることは、レスという。レスは草の根レベルのメディアである。
敷居はゼロで、思い立ったらいつでもできる。ニュースの注目度を
図る基準の一つは、レスの数である。

三　ブログと個人サイト

ブログと個人サイトは、プライベートな談話室のようなもので、
あるじが言論の主体で、みんながそれを囲い、参加したりするが、
あるじの地位を奪うことはできない。個人的な烙印が強い。中国で
は、三億人ぐらいがブログを開設している。その内、数千万人が更
新している。5・12地震の後、一週間以内に新浪ブログの関連文章
は2310万となる。文強案二審で一審判決が維持されたことに関連
するブログ文章は108万となった。唐駿氏の学歴詐称事件に関連す
るブログ文章は700万にのぼる。ブログの中で、以下の三種類は要
注意である。一、官員のブログである。二、新聞記者のブログである。
三、ネットオピニオンリーダーのブログである。ネットオピニオン
リーダーはネットにおいて絶大な影響力をもつ人たちである。彼ら
は、伝統意義上の専門家、学者、社会的有名人である可能性もあれ
ば、一般人の可能性もある。

四　ミニブログ（ツイッター）

　昨今、ミニブログの影響力はますます大きくなっている。報告によると、ミニブログは 2012 年輿情事件をはじめて発信する主体になって、社会の最大の情報源になっている。最大の輿論場である。ミニブログは個別事件だけではなく、現実世界の全般に参与し、それに影響を与えている。将来的には、中国の社会生態と政治的文脈を変えて、強い方が民衆の反応を考慮せざるを得ない状況を作り出している。ミニブログが推進しているのは、社会の生態バランスである。ミニブログは、ユーザーとユーザーの関係によって、情報を共有、伝播、獲得するプラットフォームであり、そこで個人が 140 バイトの文字以内の文字をもって、所見、感想を随時発表するシステムであり、非常に便利である。大量の専門家、学者、オピニオンリーダーと事件当事者が相次いで新浪のサイトでミニブログを開設し、草の根の声だけではなく、スターについてのゴシップ、社会的にホットな事件や突発事件についてのものも多い。

　ミニブログが中国の歴史舞台に登場した過程において、マイルストン的な意義をもつのは石首事件である。これは、大規模な群衆事件であった。2009 年 6 月、青年調理師塗遠高氏がビルから転落して死亡した。死因について、家族は殺害と思い、店側は自殺と言い、双方は遺体争奪戦を繰り広げた。遺族の呼びかけで、大量の市民が街頭に出て事件に参加した。石首は小さな町であり、人口も少なかったが、なんと六七万人が集まった。出動した軍と警察も一万人近くとなった。局面は一度コントロールを失った群衆が放火して現場のホテルが焼失した。この緊急な時、伝統メディアとニュース管理部門は情報封鎖の態度をとり、事件を黙殺して、外に漏らさないようにしようとした。湖北ニュースネットは、思い詰めて、偽の情報を発布した。その内一つは、湖北の首石で消防演習が行われたといった、非常に荒唐無稽なものであった。これらのやり方は、事件の解決に役立たず、逆に問題を複雑にした。それと同時に、あるミニブログのユーザーが現場で携帯を利用して、事件の進展を実況中継し

た。当時、全国の主なメディアの記者と海外記者ら、みなその人の
ミニブログに注目していた。みんなは彼のミニブログによって最新
の進展を知りたがっていた。ミニブログと伝統メディアの両者の強
烈な差は、宣伝部門を困らせた。主流メディアが報道するか否か、
嘘をつくか否かに関係なく、事件の真相は絶えず現場中継という形
で報道されているからである。この事件によって、明らかになった
のは、携帯電話の信号さえあれば、現場は中継される可能性がある。
他の案件としては、2011 年 6 月 20 日、江蘇省某県の衛生局長謝志
強氏が、ミニブログの内容が公開されると知らずに、ミニブログで
不倫相手と互いに告白し、ホテルでの密会を中継放送してしまった
事件が有名である。事件によって謝氏は免職されてしまった。

五　書き込み

　新興な官民対話のメディアである。人民網が 2006 年に書き込み
ボードを開通した。当時はあまり注目されなかった。2008 年、時
の最高指導者胡錦濤総書記が人民網に登場し、ネット書き込みの波
を引き起こした。のちに、甘粛省のトップが人民網ユーザーの書き
込みに回答し、勢いをつけた。現在まで、51 名の書記と知事が実
名で民衆の書き込みに回答した。市レベルの幹部が回答した件数は
もっとおおい。19 の地方政府はネット書き込みの対応を制度化し
た。書き込みは、勢いのある新興メディアとなり、大量情報を載
せるようになった。

六　ネット社交グループ

　現在、ほとんどの人が QQ を使って、幾つかの QQ のグループ
に入っている。QQ グループは小型の疑似コミュニティであり、現
在その数は 6 千万に上る。人人網のユーザー数は 2 億で、開心網の
ユーザーも 1 億を突破した。それらの SNS の加入者は、現実の社
会においても関係を持っている場合が多い。この関係は、伝播の内
容に現実味と真実性をもたらした。また、広く伝播する反面、一定
の隠蔽性をもつ。非常に強力な情報発布と伝播の機能を持っており、

影響力は巨大である。

七　ブログのミニ動画

　現在ネットにおいて、「図がなければ真相なし」という言い方が
あって、文字だけでは信憑性が低いという認識である。もし、写真
とビデオがあれば、信憑性が大幅に高められる。したがって、動画
サイトの発展は非常に速い。それと同時に、各種の撮影設備も進化
しつつ、多くの突発事件は簡単に映像に取られ、ネットに流される
ようになった。例えば、大連付近の某市の市長が会議中で、面会を
求めている市民が庁舎の外にいることを知らずに、会議を続けた。
その間、市民が外で土下座しても無視されたように見えた映像が
ネットに中継され、全国の人民が市長に対して怒った。其の後市長
は失職したが、市民は後悔している。とてもいい市長だと聞いて、
面会を求めに来たが、中継されてこんな始末になったのは不本意で
あると言った。しかし、これが今日のインターネットである。

　以上は、ネット上の輿情表現チャンネルである、ネット輿情の媒
体である。BBS、レス、論壇は伝統的とも言える最大媒体で、ブログ・
ミニブログ、動画サイトと SNS は近年新興の媒体であり、これら
のチャンネルはみな盛んに発展している。もちろん、将来のネット
世界では、より多くのネット輿情媒体がより豊富な手法で輿情を表
現することになるであろう。

第3節
ネット輿情の構造と変動

一 ネット輿情の構造

1 ネット輿情の階層構造

　ネット輿情は輿情とネットが結合して生まれた産物である。ネット輿情の複雑性は輿情のネット効果とネット特徴に由来する。したがって、ネット輿情の研究はその階層構造から始めることがよい。

　ネット輿情の階層構造は図1が示す通りである。

図1　ネット輿情の階層構造

　いかなるネット輿情も、この種の階層構造を持っている。輿情は製造者によって伝播ネットワークを通じて、受け手に伝わる。もしくは、輿情はある種の形態でネットプラットフォームに住み着いて、輿情の受け手がプラットフォームにアクセスすることを通じて輿情を獲得する。輿情の製造者は同時に受け手であり得る。伝播ネットワークとプラットフォームはネット上のあるサイトであったりする。

2 ネット輿情の物理的構造

　ネット輿情の物理構造とは、計算機、もしくはネットハードウェアの接続関係である。図2に示す。

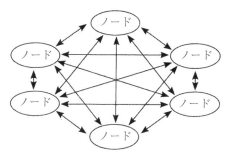

図2　ネット輿情の物理的構造

　ノードは輿情の製造者、伝播プラットフォームおよび受け手の端末を示す。ノードの総数は2008年に2.53億を超えた。図2には六個のモードしかないが、2.53億ものノードともなれば、どんなに巨大のネットワークであろう。輿情にネット効果が発生すれば、原爆の連鎖反応のように忽ちネットを席巻することがあり得る。これがネット輿情の複雑性の根源である。

3　ネット輿情の論理的構造

　ネット輿情の物理的構造は厖大であるが、実際のネット活動はいろいろな制約を受けている。その論理的構造は、物理的構造と異なるネット形態を成している。原因を探求すると、まず分かったのは、ノードの中の大多数は単なる受け手であって、伝播プラットフォームは少数である。受け手と受け手とは、直接ではなく、プラットフォームを介して通信している。しかも、活性度の低い受け手は多数存在する。したがって、ネット輿情の論理的構造はその物理的構造と大きく異なり、図3のようになる。

　図3の中では、AからIまではネット輿情の製造者と受け手を表している。輿情ネットワークはプラットフォームを中心とした地域性のある、疑似集落である。ネット輿情の受け手と製造者はいくつかの集落に属することがある。

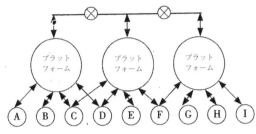

図3 ネット輿情の論理的構造

二 ネット輿情の形勢と変動

1 ネット輿情の形成

　ネット輿情の形成は、得てして事件か問題の発生による。中国人民大学輿論研究所所長喩国明氏によると、ある事件がネットユーザーの高い関心を引き寄せ、ネット輿情の焦点となる原因は、当該事件がネットユーザーないし社会公衆の引き詰めたある神経に触れたからである。具体的に以下の八方面がある。

　一は、政府高官の違法行為である。二は、国家強制力を代表する司法と都市管理部門である。三は、特権をもった独占的な国営企業である。四は、衣食住などの民生問題である。五は、社会分配の不合理、貧富の格差の問題である。六は、国家利益、民族の尊厳にかかわる問題である。七は、敏感な国際衝突である。八は、影響力のある有名人の事件である。

　この八方面の問題は、鏡のように、現実世界を写している。メディアかネット論壇などに搭載、反映されると、短時間にネットユーザーの注目を集め、現実社会に深刻な影響を与えることが可能である。

2 ネット輿情の変動

（1）ネット輿情の持続的な高揚

　　ネット輿情が形成した後、ネットユーザーの情緒、意見など

が膨らみ、ホットスポットへの関心度がますます高まり、影響も大きくなる。持続時間の長いものもあれば、短いものもある。

2011年1月に暴露された生きた熊の胆汁を採る事件を例にとってみる。2011年1月10日、『青年時報』が胆汁採取に関する報道を発表した。この報道は、浙江省温州の生きた熊の胆汁を採る産業の現状を詳しく記述した。其の後、百あまりのメディアと大きなネットニュースサイトがそれを転載し、動物保護の話題への注目を持続的に集めた。其の後、余継春氏の関連記事がミニブログ上に発表され、ネットユーザーの強烈な反響を引き起こした。多くの人々が、胆汁採取企業帰真堂の上場に反対した。それに対して、帰真堂がネット輿論に反撃を始め、道徳と商業利益を巡る論争となった。

生きた熊の胆汁をとることについての記事

事件の進展につれ、ネットメディアとネットユーザーは、胆汁採取の是非について、激しい論争を繰り広げた。異なる方向へ、話題が発酵し、薬物が熊の胆汁に取って代わることが可能か、中国人の本性、動物保護の立法などの問題が討論された。討論に参加した人も専門家、医者、学者、弁護士などに拡散した。公衆の討論が激しくなるにつれ、帰真堂も、そのオフィシャル

サイトで、「帰真堂熊飼育基地開放日」への招待状を出した。2月22日と24日を開放日とし、熊飼育基地への参観を招待しようとした。馬雲ら有名人がゲストのリストに載った。この事件の進展中、ネット輿情の拡散速度はすさまじかった。議題も表面的な動物保護から、人間性、道徳、医学倫理、法律規範など深層問題に突入した。事件はニュースメディアとネット伝播によって絶えず拡大され、ネットユーザーの思考を引き起こし、彼らに意見を述べさせ、現実社会に大きな影響を与えた。

(2) ネット輿情の波動変化

ネット輿情の発展過程は直線的に上昇、もしくは下落するとは限らない。ある時、ネット輿情は公共事件の変化と発展および他人の意見の影響によって、絶えず変化し、修正される。同じ、もしくは異なる輿情が絶えず合流と分化を繰り返し、微妙に変化する。

熊の胆汁事件において、余継春、黄小海、李開復などがオピニオンリーダーの役割を果たした。彼らの言論がミニブログを通じてネットユーザーに伝え、ネットユーザーがさらに転載し、自分の意見も付する。ネットユーザーの意見が合流する。新華網のアンケート調査の結果を見て、民意の傾向と輿情の波動の変化を察することができる。2012年2月10日13時時点では、9135人がアンケートに参加し、その59.8％の人は生きた熊から胆汁を採ることを禁止すべきだと認識し、38.7％の人は、熊の

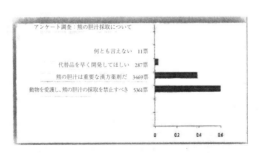

図表：六割近くのネット回答者は胆汁採取禁止に賛成。
http://news.xinhuanet.com/society/2012-02/10/c_122685072.htm

胆汁は漢方薬の重要な原料として、その効能は他の薬にとって代えらえることができないと認識し、3.21％の人は、代替品の研究開発に期待すると言い、ほかに0.12％の人は何とも言えないとした。

　ネットオピニオンリーダーと各種メディアは傾向性のある輿論引導と推進の中で、ネットユーザーの声がネット伝播の中で、アクセス件数、転載件数、発信件数、ネット投票などの形式で最大限に展示され、各種の意見も絶えず合流、もしくは逆に分流し、波動する。

（3）ネット輿情の最終的な静まり

　時間の推移によって、新しい要素の介入がなければ、ネットユーザーの情緒は次第に減退し、理性化の方向へ発展していき、新しい事件による新しい刺激で、多くの人は自動的に新しい目標に目を向け、元のホットな輿情は次第に冷却し、静まる。

　熊の胆汁事件の後に、王立軍事件、薄熙来事件などが発生した。ネット論壇にしても、ニュースメディアにしても、ネットユーザーにしても、みな目をそちらに向けるようになって、熊の胆汁にへ関心は低くなった。この事件の最終結果が出る前に、ネット輿情はすでに解体した。この中でもわかるように、ニュース事件は、取って替えられる可能性がある。ネット公共輿論のパワーは、意見を統合して迅速に輿論の嵐を形成できるが、その消滅も速い。ネットユーザーが気づいていない内、ある事件が別の事件に取って替えられ、ある注目が別の注目にカバーされ、ある声が別の声に消されたことがある。

三　ネット輿情の変動周期

　ネット輿情は、発生、変化、衰退というライフサイクルがある。それには以下のような波形がある。

　台形。ある輿情が形成された後、一定の時間で頂点に達し、そこでしばらく持続して、その後各種の要素の影響で、次第に下落し、静まる。高いところで一定の時間において持続するこの種の現象は、

比較的に重要な社会影響があるからであろう。高い期間は、各種の観点と社会勢力が拮抗している期間であろう。それは輿論誘導と対立解消の時期でもある。対立が緩和されれば、ネット輿情態勢は次第に下落する。

単一高峰型。この型のネット輿情には、上と下の平坦期がなく、頂点に達した直後に下落し始める。この種の変化の原因は、輿情発生の要素がすぐ変わったことにある。例えば、輿情を引き起こした問題が速やかに解決された、もしくは、デマが破れたなどである。この他、輿情の高峰が多くのネットユーザーの目を引き寄せなくなると、輿情も急速に下落する。

波型。この種のネット輿情は長期的な社会矛盾を反映していることが多い。矛盾の突出度に違いによって、波のような運動形態をもつ。峰は輿情上昇の頂点で、谷は輿情下落の低辺である。山と谷が交替に出現し、絶えず変化する。たとえば、個人権益保護問題は、長期的な輿情問題である。中日関係、中米関係なども長期的なネット輿情であり、この種の波型で周期変動する。この種の輿情を研究する時、その歴史的持続性と一致性を注意し、毎回の新高潮に形成された新得点を注意しなければならない。

一般的に、ネット輿情の構造を見ると、台形と単一高峰型はネット上の個別輿情の運動方式に多く、波型は、ネット上全体の輿情の運動方式を表していることが多い。

第**4**節
ネット輿情の特徴と環境要素

一　ネット輿情の基本的特徴

　新聞、ラジオ、テレビなど伝統的なメディアに比べて、ネットメディアは加入敷居が低く、扱う情報量が多く、情報発布の速度が速く、参加人数が厖大で、リアルタイムで相互作用ができるといった特徴がある。ネット情報発布のコストが極めて低いので、情報の提供者、伝播者、と閲覧者の間に明らかな限界はもはや存在しない。情報ネットワークは疑似の社会であり、社会グループの特徴を持っている。それと同時に、疑似社会と真実の社会の間の相互作用も日に増して顕著になりつつある。

　ネット輿情の特徴とネット伝播方式の特徴と密接に関係ある。ネット輿情の主な特徴は以下に体現される。

1　自由性とコントロール可能性

　ネット輿情の伝播から見ると、それには自由性とコントロール可能性がある。一般的に新しいメディアが現れると、情報伝播と言論発表の自由度が増す。現在、人々の間は、電子メールで情報を交換することができる。即時の通信ツールで交信することもできる。また、BBS、ブログなどで自由に言論を発表し、輿情を表現することができる。また、ネットで自分のサイトを開設して、自分の見解を発表し、自分の著書と新聞を「出版」することもできる。コストが低く、プロセスも簡単である。例えば、アメリカでクリントン大統領のセックススキャンダルを暴露した人は、最初はタイムなどの週刊誌に拒否されて、その後ネットに流したのである。

　ドイツの学者が言うように、科学技術の合理性自身はコントロールの合理性であり、すなわち伝統的な合理性である。ネットは人々に未曾有の自由を与えたと同時に、繊細な政治的、経済的コントロー

ルを隠している。ネットは、人々が想像したように、なんら紀律に
束縛されない無法地帯ではない。ネットワーク自身も社会の中にあ
り、社会から遊離したものではない。ネットにもルールがある。し
たがって、ネットの伝播自由は有限であり、コントロールが伴うも
のである。特に各種の有害なネット騒音に対して、この種のコント
ロールが非常に重要になってくる。

2 相互作用性と即時性

　ネットメディアと伝統メディアの最大の区別は、相互作用性と即
時性であろう。伝統メディアは片方向の情報伝播チャンネルである。
それに対して、ネットは、双方向の情報伝播チャンネルである。時
空を超えて他人と相互関係をもつことがネット伝播の本質的な特徴
とも言えよう。ネットの最大の価値は、情報量の厖大さでも、伝播
のリアルタイム性でもなく、相互作用にある。ネットの相互性は主
にネットユーザーが政府およびネットメディアとの間の相互作用に
体現される。

　ネット環境下では、輿情の伝播と表現は高い即時性をもつ。大き
なポータルサイトは、重大事件のオリジナリティと言論の即時性を
突出させている。毎日、かならず公衆の事件に対する評論を反映し
ている。ネットメディアの迅速な報道によって、ネットユーザーは
ニュース事件を知った瞬間に自分の言論を発表することができる。

3 豊富性と多元性

　ネット輿情の表現内容には、豊富性と多元性がある。豊富性とは、
ネット輿情情報がかかわる社会問題と事件の幅広さと輿情表現と伝
播のチャンネルの多様性を指す。

　民衆が同時に共通の社会問題に対して意見を発表すれば、社会各
所に分布する意識の伝導が発生し、人と人が互いに訴え合うことが
輻射する形態となる。この多様性と分散性は、公衆が同一問題に対
して持っている見方と態度の違い、および利益、需要と価値観の多
様化とみなすことができる。このほかに、多元化は、ネット輿情表

104

現において体現されるイデオロギーの多元性をも指す。インターネットが地域の隔たりを打破し、西側のイデオロギー、政治制度と文化思想を浸透させ、異なるイデオロギーのネット言論が随所見られるようになった。これはネット興情情報管理と誘導にとっては巨大な挑戦であるに違いない。

4 隠匿性と顕在性

現実の社会で、個人の身分を識別する七大要素、すなわち、実名、住所、追跡可能な偽名、追跡不可能な偽名、行動パターン、社会的属性（性別、年齢、信仰、職業など）と身分識別物がある。ネット環境の中では、これら七方面ともある程度隠匿できる。これはネットユーザーの隠匿性をもたらす。したがって、ネット興情の伝播も隠匿性を有する。しかし、絶対的な隠匿性は存在しない。追跡可能か不可能かの差は追跡の難易度の差にすぎない。

顕在性は、隠匿性に対するものである。興情は公衆主体内在の心理活動であり、公衆の行動傾向をある程度決定している。しかし、それは行動そのものではない。行動は一目瞭然である。それに対して、興情は公衆主体の言論、振る舞い、表情などから間接に推測することができる。複雑になっているのは、人々は得てしてある種の遠慮で自分の本当の情感と態度を隠したりするからである。ネットは人々の本当の身分を隠すことができるから、逆に言いたいことが言えることになる。現実の中で抑えられている興情は容易に表現される。ネットでの発言から、その人の情緒と態度を明晰に推測できることが多い。特に、敏感の問題に関しての態度は、現実の中では把握しにくいが、ネットでは比較的顕在である。

5 情緒化と非理性

興論の質は理性の程度によって決まる。興情も同じである。非理性的な興情はネット上に発生して拡散するのは、社会現実と公共心理の相互作用の結果である。現在、中国は転換期にあり、社会運営のメカニズムの転換、社会組織の構造の変化、利益グループの調整

など、社会構成員の切実な経済利益と社会地位に直接影響をうけている。生活のテンポが速く、レイオフ・失業、貧富格差の拡大、社会競争の激化など社会問題が、一部の人の心理構造のバランスを失わせ、緊張、憂慮、困惑、不満などの社会情緒が流行した。公衆が現実社会への種々の不満は適切なはけ口がなく、ネットに噴出することが多い。ネットは、エゴの体現の場となり、各種の情緒、態度と意見が原始形式で表現される。

6 個性化とグループの極端化

　輿情の主体は民衆であり、輿情表現は個人の情感、意志と認識など主観的な要素に左右される。社会心理学の研究によった明らかになったが、人は匿名の状態では、現実社会の役の束縛から逃れやすく、より個性化できる。ネットの世界では、意趣が近いグループは互いに交流し、彼らの考え方は次第に極端になる傾向にある。ネットユーザーのグループ極端化現象は現実の生活に比べて突出している。ネット輿情表現の個性化とグループ極端化は矛盾しない。個性化はブログでは顕著に表れている、グループ極端化は BBS では、多く発生する。

二　ネット輿情に影響する環境要素

1　ネットメディア環境

　ネット世界の流動性空間と断片化時間は、情緒、態度、意見を表現、伝播することに大きな影響を与えている。

（1）ネット空間の流動性が輿情表現とカバーする範囲を広げた

　　電子メディアの時代では、空間が圧縮され、境界線が曖昧になり、人類の各種の行為はこの流動的で境界線のない空間で展開されるようになった。ネット空間の特性は、伝統メディアの情報管制を打破し、陸海空から独立した一つのスペースを作った。自由に伝播空間に進出し、情報資源を共有することが、ネット流動空間を世界各国人民が自我を展示し、相互交流を行う舞

106

台にして、ネット輿情表現と伝播の影響範囲を極大に広げた。

　もちろん、ネットの無境界線性によって、地域的な事件が全国の輿情事件に発展することがあるが、事件本来の地域性と心理的距離感によって、参与人数ははやり事件発生地に集中しがちである。たとえば、上海周辺地域に発生した南京高額たばこ事件、塩騒動、黄浦江の豚死体事件などでは、やはり周辺地域のネットユーザーの参与と評論が比較的に熱烈で、その他、似たような大都市もあとを追う。

（2）ネット時間の断片化は輿情情報の合流速度を上げた

　ネットメディア、特にミニブログ、微信など自主メディアは、周期に制限されず、情報は、随時、即時発布され、伝播される。それによって蓄積、形成された情報の量と密度は想像を超える。ネット新技術によって現れたツイッター、ミニブログ、微信、などのプラットフォームは時間の非線形性、断片化優位を極端に発揮させ、伝播主体が随時随所自由に情報を発信することを可能にした。ネット時間は伝統的な仕事を断片に切り分け、ネットユーザーは余暇の時間を利用して、迅速に、簡単に、便利に、手短く情報を発布することができ、時間の利用効率を大幅に上げ、情報の合流をも実現した。また、リンクの技術によって、読者はより多くの関連情報に誘導されやすくなる。ネットユーザーは断片的な時間で情報を全面的に処理、加工することができる。これは情報合流を加速させ、滔々なるネット輿情を形成させる。2012年起きた、毒カプセル、ハルピン橋崩壊事件など20件のホットな事件に関するネット記事やコメントは百万を超え、ミニブログはその大部分を占めている。

2　社会文化の環境要素

　マクロな文化視角で理解すれば、社会文化の環境要素は、ネット輿情に影響を及ぼしている。異なる形式と手段で、異なる文化伝播、異なる風習および異なる価値観が人々の目の前に呈示されると、人々の視野は広げられるが、彼らがこれまでの社会生活で培った価

値観と行動規範が衝撃を受け、心理的な不適応と行動上の障害が起きる。

3　イデオロギー要素

　イデオロギーは精神文化範疇に属し、ネット輿情の角度から見ると、西側の文化が浸透してきたことが中国にもたらした影響を指す。総合的には、西側文化の浸透が中国のネットユーザーの思想観念、意見表現、行動方式などに与えた影響に表現される。マクドナルド、ケンタッキー、コカ・コーラに代表される米国の飲食文化から、西側のクリスマス、エープリルフール、バレンタインなどの生活様式と精神世界、西側諸国はネット資源の優位性によって、かれらの文化を中国の人々に浸透させ、特に若者のイデオロギーと価値観念に計り知れない衝撃を与え、知らずに一部の社会構成員の価値観を変えてしまった。有事の時、これらの人は扇動、利用されやすく、ネット上で各種の宣伝攻勢をかけ、実際の行動をとり、ネット輿情の誘導に巨大な困難を作ることになる。

4　多元民族文化要素

　多元民族文化とは、一つの地域、もしくはグループシステムの中に、互いに関連ありながらも各自の特色をもつ複数の独立文化が存在することである。

　輿情は表層の意識であり、異なる文化背景、思想、信仰をもつ人々は往々にして異なる価値観を持つ。ある社会事件あるいは問題が出現した時、人々は自分の価値基準で判断し、異なる声を発し、異なる意見を形成する。過去数千年の間、各民族は歴史の発展と変遷の中で、異なる信仰、民俗習慣、考え方を形成した。各民族は伝統、言語、文化、風習、心理的認識において大きく異なる。これら多元民族文化の存在はネット輿情増加の不確定要素であり、政府の施策を攪乱する恐れがある。

第5節
ネット輿論の形成と変遷

一 ネット輿論の形成

　インターネット技術の世界範囲での急速な発展により、ネット伝播と社会輿論は急速に融合し、ネット輿論という新しい輿論形式が形成された。民意反映の集約性、普遍性、可視性はネット輿論で発揮された。ネット輿論は、比較的如実に、直接的に、即時に民意を反映する代表的な手段となった。

　陝西省の華南虎事件と香港のエロ写真事件から、カルフールボイコット事件、三鹿毒ミルク事件まで、これらのネット事件はいずれも全国的にセンセーションを巻き起こし、ネット輿論の巨大な力を表した。これらの典型的なネット伝播事件は、いずれも、社会的反響が大きく、持続時間が長く、輿論情報が多いなどの顕著な共通性をもつ。ネット輿論の形成は大凡以下のプロセスを踏む。

1 焦点事件の出現

　ネット輿論の形成は、まず焦点事件の出現から始まる。ネット上焦点事件の形成方式は主に二つある。ネットメディア自身が生成したものと伝統メディアから転載してきたものである。

　ネットメディア自身が生成したものとは、メディア、もしくは、ネットユーザーが発布した、社会現象か事件を反映するオリジナルな記事である。これらの議題は新聞、ラジオ、テレビなど伝統メディアから由来するのではなく、ネットユーザーが自ら起草し、発布し、状況を披露することを目的とし、論壇メンバーの注意と共鳴を引き起こした記事である。ネットの開放性と自由性によって形成された焦点事件である。たとえば、遼寧省の女の罵り、芸海の教師侮辱事件などは、そうであった。

　伝統メディアからの転載されたものは、伝統メディアが発布した

報道がネットメディアとネットユーザーの注意を引き、その後ネットで焦点事件となるものである。例えば、2003 年に発生した孫志剛案は典型的である。最初は『南方都市報』によって報道された。其の後、新浪、捜狐などのポータルサイトと他のネット伝播形式で相次いで転載され、ネット上に大きな論争を引き起こし、最終的には都市浮浪者収容送還条例を廃止に追い込んだ。

　ネットメディアそのものを細かく見ると、焦点事件は、主に、個人サイト、電子メール、BBS 論壇、ニュースグループ、チャットツールなど多種多様なネット伝播形式によって生まれる。これらは焦点事件形成の主な方式とチャンネルである。

2　輿論「場」の形成

　ネット議題が社会から広く関心を引き寄せた時、人々はミニブログ、ブログなどの伝播チャンネルで、情報を発布し、状態をアップデートで、日誌を発表し、返答したりして、個人意見を述べ、討論に参加する。討論に参加するネットユーザーが増え、討論範囲が拡大しつつあるとき、多数の個人意見と情報アップデートが複雑な交流、協調、取捨と統合を経て、最終的には震盪しながら拡散し、輿論「場」を形成させる。場の作用で、輿論形成の速度が速くなり、蔓延の態勢に入る。

3　ネットユーザーの意見統合

　輿論場の中では、ネットユーザーの意見は、膨大でかつ、複雑であり、議題も焦点事件を軸に拡散される。而して、輿論が最終的に達成された印として、個人意見の差異が消え、社会知覚と集合意識を反映する多数の共同意見が生成される。ある問題、もしくは事件に対して、ネットユーザーの意見は最初から一致しているのではなく、一致する輿論の形成にはメカニズムがある。ドイツの社会学者ノイマンによると、一致する輿論は沈黙の螺旋効果によるものである。この仮説の中の輿論は、伝統的な輿論概念と異なり、公共の意見や公衆の意見というより、公開する意見である。

沈黙の螺旋理論が強調したのは、社会コントロール機能である。多くの場合、沈黙の螺旋はネット意見の統合に明かに機能している。ネットの輿論場の中で、人々は常々集団的な雰囲気の中にいて、集団的な圧力が意見統合に影響する要素であり、その中でオピニオンリーダーの影響は大きい。しかし、オピニオンリーダーの影響力は、その言論の説得力に由来する。ネットユーザーは、虚偽情報を識別する能力も上がり、デマ、誹謗、攻撃に騙されにくくなっている。ネット輿論の中で、オピニオンリーダーは伝統的なオピニオンリーダーと違って、短時間で強烈な輿論場を引き起こしやすくなっている。ネットの即時性、便宜性、時空超越、受け手の厖大さなどの特性によって、ネット輿論は伝統メディアよりもオピニオンリーダーの作用を拡大し、浩大な主導性意見を生成しやすい。オピニオンリーダーの力は計り知れない。ネットの中で、より多くの人が沈黙から逃れて、言いたいように言い、自分の観点に近い人とグループを探し求める。

4　立体的な伝播がネット輿論を形成する。

ネット輿論が最終的に、伝統メディアの報道によって、作用して影響を及ぼす。ネット輿論形成後、その強い勢いは往々にして伝統メディアの関心と介入を引き起こす。伝統メディアがネット輿論を拡大し、再伝播し、ネットメディアと伝統メディアの相互作用で、ネットユーザーの持続的な関心と評論の中で、ある種の観点となった民意がより多くの人に認識され、社会輿論が形成される。

二　ネット輿論の相互作用

1　ネット輿論と現実輿論の相互作用

ネット輿論はネット空間で輿論場が形成された後の一致した意見の集合であり、その強大な輿論圧力は、現実世界で解放される場所を求める。現実の中の伝統メディアはホットの話題を巡るネット輿論を現実化し、社会に巨大な影響を与える。当時に、現実輿論もネッ

トの場を借りて、さらに拡大する。

　ネット上、主にBBSで発表されて、一定のネット輿論を形成した観点、意見はメディアによって転載され、もしくは包装されて報道され、それがまたBBSの討論を再燃させ、最終的には輿論の合力を形成する。トヨタの問題広告を例にとってみる。「トヨタ覇道」という広告が出現すると、ネットユーザーがすぐ返答を残し、憤りを表した。中華民族の感情を害したという。ネットユーザーの声が迅速に拡大し、新浪網だけでも、関連評論が3000に達した。其の後、新華社を含む国内の各メディアが事件を追跡報道し、最終的には日本メディアの関心をも引き寄せ、トヨタ社と広告会社の謝罪で一段落した。ネット上の声が中国主流メディアの高度な関心を引き寄せたのは、事件の初歩的な解決に導き、ネット輿論の影響が全社会の輿論の領域に蔓延したことを表している。

　往々にして、新聞、テレビなど伝統的な主流メディアが先にあるホットな事件、事態を報道し、読者・観客が情報を受け取ってから社会輿論が形成される。ネットユーザーが当該新聞の内容をネット上のBBSに転載し、討論を引き起こし、ネット輿論を形成し、社会輿論の影響を強め、最終的には伝統メディア輿論とネット輿論の共振になる。孫志剛事件を例に取ってみる。最初は南方都市報が事件を報道し、即日各ポータルサイトに転載され、すぐネットユーザーの大きな反響を引き起こし、アクセス数はSARS報道に次ぐ位に多くなった。ネットユーザーは孫さんの記念サイトまでセットアップした。ネット言論の爆発は、主要メディアの報道と結合して、浩大な輿論の波を形成し、案件の調査と送還人員の処理を推し進め、収容送還制度への批判を引き起こした。

　上記事例からも分かるように、伝統メディアの報道の中で、民衆の共鳴を引き起こせる事件は、ネットで熱烈な議論の対象になって、さらに伝統メディアの関心を引き寄せ、短時間で強大な社会輿論を作り出し、政府の事件処理の透明性と効率を上げる可能性がある。

　社会輿論とネット輿論の生成は、時間的に前後の差はない。近年、ネット輿論が社会に与える影響が深まり、それに対する誘導もより切実な問題になってきた。主流メディアは伝統的な形式で報

道すると同時に、ネット上でも輿論宣伝を行い、同期を図る。2006年人民代表大会と政治協商会議（両会と称して、国会両院に相当する）ブログの誕生は、メディア界にとって革新的な出来事であった。2006年3月、「両会」会期中、人民網強国ブログは率先して両会をテーマにした。2007年の両会会期中、強国ブログにはすでに18名の人民代表と50名の政治協商委員がブログを開設した。その他にも民主党派のブログが開設され、社会に大きな好評を呼んだ。人々が関心しているのは、対話のプラットフォームによる言論権のバランスだけではなく、輿論誘導の機能でもあった。中国ネット文化の爆発的な発展とネット輿論の威力の増強によって、ネット輿論誘導も重視されるようになった。両会会期中、主流メディアの報道のブログが輿論誘導の二つの先陣を切って、民衆に両会を理解してもらい、良好な社会輿論とネット輿論の雰囲気を作り出す。

2 ネット輿論と公共政策の決定との相互作用

政府政策決定機構は通常、政権維持をその核心的な利益とする。ネット輿論は民生民権、社会公平、社会正義などを主な訴えとする。したがって、公共政策決定機構は、政治的敏感な議題以外において、ネット公衆と、やり取りをする。これら制限された議題の中で、公権力の妥協の程度はネット輿論の強さに比例し、ネット輿論と公共政策決定の間に、利益協商を基礎とする限定的な相互作用モデルを成す。

上記モデルの前提条件：ネット輿論は共産党の基本政策に抵触せず、敏感な政治話題を含まず、扇動的な言論がなく、社会的な危害をもたらさないものである。

また、公共政策決定機関とネット公衆の間に一致した利益が存在することが前提条件である。

ネット輿論と公共政策決定との限定的な相互作用

成都のバス燃焼事件や重慶の暴力団撲滅事件などでは、政府は民意に沿って、問題を潤滑に解消した。利益が一致しない場合、政府は消極的に対応する可能性がある。しかし、民意は執政の合法性の基礎である。したがって、その場合でも、政府は妥協する可能性がある。妥協の程度は、輿論の強さによる。

三　ネット輿論の変化

　中国ネット輿論の発展過程で、下記三大変化が突出している。

　第一の変化は、ネットの中の話題で、民生問題は民族問題を圧倒するようになった。民族問題は、かつて、中国ネット輿論の起源性問題であった。一時、中米関係、中日関係、台湾問題は激しい輿論震盪を引き起こし、オフラインの群衆事件まで発展したこともある。しかし、2008年以降、中国のネットにおいて、民生の話題が徐々に民族主義的な話題を凌いだ。国内社会の矛盾が激しくなり、みんなの注目の的は中国社会の発展に集中するようになった。民族主義の話題へと誘導することは不可能である。民生問題は人々の生活に直接関わっている。第二の変化は、ネットの社会的力の勃興である。現在、中国は「権利」の時代に入り、農民、労働者と形成されたばかりの中産階級は、みな自らの公民権利を求めている。中国社会の衝突と社会抗争の量と規模が明らかに増大している。その中で、明らかな新特徴は先端電子技術の応用である。それによって、世界中可能な支持者に情報を伝播することができるようになって、人々の間に新しい社会関係とのリンク、新しい利益の関連が生成され、社会運動の動員能力が高まった。

　人々が公民権利を求める努力は、必ず情報権を求める闘争と絡む。情報権とは、人々が自由に、何にも恐れずに交流、連絡、集合、協力する権利であり、国連の憲章と各国の憲法によって認められている。国際的には、インターネット権利基礎についての基本的な共通認識ができつつある。ネットの権利は人権の一種と見なされている。オフラインの自由はネット上でも適用されるべきと思われている。しかし、ある政治環境の中では、安全第一という論理も存在する。

この論理では、ネット情報の自由な流動と安全な流動は相互依存する。安全を保障する前提で、自由を実現させるべきであるとなっている。

それで関連してくるのは、第三の変化である。つまり、中国はネット化した民間社会が形成したにもかかわらず、ネット化の管理者が欠けている。インターネット固有の分散化特性によって、集中したハブからではなく、個々のノードから知識と価値が生成され、ネットに発布され、伝播される。したがって、ネット管理の正しい理念は、競争と創造を促進し、自由表現を許し、信任を増やし、政府干渉を最小限にとどめることである。しかし、残念ながら、中国のネット管理のやり方は上記理念と相反である。中国インターネットの更なる発展は、政府とネットユーザーが共同で利益を謀り、共同でルールを制定することに頼る。政府はネットユーザーを管理の対象だけではなく、サービスの対象とも捉えなければならない。威圧的な政府は、暴力的なネット民衆を、サービス型の政府は責任のあるネット民衆を育てる。政府は、サービス型の政府に転向しなければならない。民衆が自分で解決できる問題は民衆に任せ、民衆が解決できなくて市場が解決できる問題は市場に任せ、市場が解決できなくて社会が解決できる問題は社会に任せ、社会も解決できないなら、政府が前面に出て管理を行い、サービスを提供する。サービス型の政府と言っても、規制を全部なくすのではなく、規制はサービスのための規制で、規制のための規制ではないことを認識しなければならない。この種の規制には限度があり、その範囲とプロセスは法律によって厳格に定められて、責任が明確になっている。

もし、人々にルール制定に参与するチャンスがないなら、ルールに親しみがなく、安定が実現されにくくなる。現在のような複雑で、ダイナミックで、多元性の環境の中では、政府が唯一の公共管理者にはなりにくい。政府は必ずNGO、コミュニティ、民衆と共同で公共事務を管理し、公共サービスの社会化と市場化を推進しなければならない。ネット公衆をサービスの対象にすれば、政府の役目を根本的に変えることができる。政府部門はできるだけ市民の多様性、個性化のサービスの需要に満たさなければならない。異なる利益集団に共通点を見出すことを促し、試行錯誤を許す。このために、寛

容と忍耐、対話と交流を提唱すべきである。

　ネットユーザーの基本権利を尊重することは、数億のネット公衆をネット管理に関与させる必要なことである。現在のネット公衆は30年前の農民、20年まえの郷鎮企業家のように、自発的に、随時体制の外で力を解放している。この種の非体制の力の中に、新しい権益要求が含まれている。以上は、マクロ的に、中国ネット輿論の変化をまとめたものである。ネット輿論の媒体と伝播方式の角度から、ネット輿論を分析すると、以下になる。

（1）ミニブログ（ツイッター）が流行している。

　　近年、ミニブログは中国ネット輿論の範囲と深さに極めて大きい影響を与えている。エリートと低層の人が同じ舞台にいて、低層の人の訴えが著名人の伝送によって、ホットスポットになる。メディアと記者は相次いでミニブログを開設し、そこで受け手と連動する。商業機構も、ミニブログ営業を試みている。政府組織も、ミニブログの場を借りて、民意を聞き、民衆に親近感を与えようとしている。

（2）社交サイト（SNS）の社会動員力

　　SNSのユーザーは、個人ページを作り、友達のリストを表示し、自由に言論を行う。中国では、一時大量のSNSが現れた。2011年5月、人人網が米国ニューヨーク証券取引所に登場し、世界発の上場SNS企業となった。SNSは大衆メディアと個人通信の二つの機能があって、情報は個人のサークルの中で回流し、プライベート性があり、サイトと政府部門の管理が難しい。突発事件発生後、開放式の伝播ノードが関連情報をブロックした時、SNSが情報伝播の主要なルートとなる。2011年、イギリスロンドンの大騒動と米国のウォール街占領運動から、西アフリカと北アフリカのジャスミン革命に至って、SNSが社会動員の機能を果たした。中国国内でも、同様の現象が存在する。2011年5月30日、牧場主が炭鉱開発に抗議して死亡したことによって、フフホト市で大規模な街頭騒乱が発生した。各ニュースサイトがこの事件についての記事をブロックしたが、大量の情報が依然人人網に流れていた。大連のPX集団散歩事件中でも、関連

情報がポータルサイトと検索エンジンで厳しく削除されたが、SNS で広く伝播されていた。

(3) 論壇(BBS)は、ネット輿論覇者の地位を失った。

ミニブログの勃興は、BBS の覇者の地位を打ち破いた。ミニブログの時代では、ネットユーザーの情報表現と閲覧は断片化の傾向にある。また、BBS の管理が厳しく、ミニブログの管理は比較的に緩い。それで、ミニブログがネット事件の重要な発信源と最も人目を惹く輿論発酵プラットフォームとなった。暴露の情報源が BBS からミニブログに変わってから、本当のオリジナルがどこなのかは曖昧になった。論壇から新しいネタを見つけようとした伝統メディアの記者たちも、ミニブログに注目するようになった。各論壇のオピニオンリーダーが大量に流失し、その内の多くはミニブログに転戦し、もしくは個人ブログに戻ってそれを守り、もしくは国外のツイッターにシフトした。オリジナルで、思想性のある記事が大幅に減少し、天涯社区など有名 BBS のレベルが大幅に下がった。地域性の強い BBS は、独特の地方内容を特色としているので、地域内の社交資源を統合する能力もあって、ある程度、ミニブログの衝撃を避けてきた。また、アウトドアや旅行、撮影などの専門性の高い少人数の BBS も、その専門性と小規模グループの粘着性によって、基本的にはミニブログの衝撃を受けていない。あるホットな事件について、全面的で、深くて、理性的な理解と分析をしたい場合、BBS はなおも代替されない機能がある。BBS は統合、分類、深く掘り下げることにおいて、なおも優位性をもち、繁雑な輿論を整理し、誘導することができる。情報の実効性においては、ミニブログに劣るが、交流の有効性が比較的に高い。

(4) モバイルインターネットの台頭

中国のモバイルインターネットユーザーが 3 億を超え、ネットユーザーに占める割合は、2012 年時点で 65.5% となった。彼らは随時随所情報を発布し、閲覧し、意見を共有できる。WIFI の利用によって、人々は断片化した時間で輿情討論に参加するようになった。低収入の人もネット輿論場に参加してきた。こ

れが社会輿論の生成メカニズムを深刻に変えている。特に突発
の公共事件、政府と民衆の衝突事件、警察と民衆の衝突事件、
都市管理職員と露店主の衝突事件、交通事故、群衆事件などの
現場では、その場にいただれでも文字、写真、動画をネットに
流して、政府の事件処理と輿情応対に挑戦をもたらした。2011
年7月23日20時34分に列車と追突事件が発生した後、乗客が真っ
先にミニブログに情報を流し、政府の情報封鎖を不可能にした。

（5）ブログはピークを越え、ライト（軽）ブログが出現

　以前は、ブログの繁盛期があって、数億人規模のグロガーが
現れると予測されたが、すでに勢いをなくした。それでも、存
在し続ける。実際、ブログと個人サイトの利用率は65.5％で、
ミニブログの40.2％に全然負けていない。ここ数年の発展に
よって、ブログは安定した形式と受け手グループをもつように
なった。ミニブログは人々の目を引いているが、ブログは個人
著者の本来の姿に戻った。ブログのいいところは、断片化した
物書きを拒否した書き手がいて、また専門分野（たとえば、財
経、科学技術、医療など）の民間オブザーバーがいることであ
る。若いネットユーザーの間では、QQ空間がQQチャットと
連動していて、秘密性と娯楽性が高いので、よく利用される。
また、新しく現れて現象として、各ミニブログのサイトは同じ
グループ傘下のブログと連動するようになった。ユーザーがブ
ログで文章を発表すると、そのダイジェストがミニブログに自
動的に現れる。ミニブログがブログの看板となった。2011年か
ら、ライトブログが活発になった。ブログを本に、ミニブログ
を紙に例えると、ライトブログは雑誌に当たる。ライトブログ
にはブログにあるような長文もあれば、ミニブログのように新
鋭の観点を四方八方に伝播することもでき、また、画像、動画
および各種の最適化ツールなどインターネット技術も応用され
ている。ライトブログのサイト「点点」は、半年の間に百万のユー
ザーを吸収した。新浪、網易などポータルサイトも自前のライ
トブログを開設した。ただし、現在の状況をみると、ライトブ
ログがミニブログに取って代わることはない。

第4章

ネット輿情の監視・予測

第1節
ネット輿情監視・予測の対象と内容

　ネット輿情は、多くの群衆が社会の各種の現象、問題に対して表現した信念、態度、意見と情緒の総合である。その形成が早く、社会的影響が巨大である。ゆえに、ネット情報を監視・予測し、さらに集中、整理、分析して、世情民意を全面的に把握することは大きな意義をもつ。

　ネット輿情監視・予測はネット上公衆の言論と観点を監視、予測する行為である。監視・予測の対象は主に、現実生活の中のホットスポットに対する影響力と傾向性のある言論と観点である。

　ネット輿情監視・予測システムの構築には、人的、物的(資金)資源、およびコンピュータソフトウエア技術が必要である。

　物的保障については、各地の政府はネット輿情分析機構を相次いで設立し、専門の要員を配置して、24時間体制で重点サイトの輿情を監視するようになった。このほか、ネット輿情が集中している各大学のBBSに関しては、ネット調査研究補助管理員を雇って、注視している。各地方、各レベルに設立された組織は、物質、制度、資金、人力などの面で、ネット輿情監視・予測システムの日常運営を保障している。技術面の保障については、情報収集、処理、研究・判断、フィードバック、政策決定システムなどが必要である。ネット技術の更新につれ、ネット輿情監視・予測と分析もそれに匹敵する技術手段によって行われなければならない。

　具体的には、ネット輿情監視・予測システムは、ネット情報採取技術と情報処理技術を統合し、ネットを通じて夥しい情報を自動的に採取、分類、テーマ検測、テーマフォーカスし、ネット輿情監視・予測とニューステーマ追跡などの情報需要を実現し、ダイジェスト、レポート、図表などの分析結果を生成して顧客に提供する。顧客が

これを根拠に、群衆の思想状況を全面的に把握し、正しい輿論誘導を行うことが可能になる。

プロ化、サービス化は、ネット輿情監視・予測分析の発展趨勢である。テキストを分類し、要約し、傾向性を分析し、語彙ベースと知識ベースを結合して、SaaS モデルに基づく輿情用語分析基礎施設を建てると、人とマシンの結合をうまく実現し、輿情研究・判断の精確率を上げることができる。特製化した輿情監視・予測サービスプラットフォームの背後で、人による追跡、審査、押出などのサービスを加えることで、マシン単独運営の欠陥を補い、輿情監視・予測作業をより早く、より全面的に行うことを可能にした。

タイプで言えば、輿情監視・予測システムには、日常監視・予測と突発事件監視・予測の二種類がある。

日常輿情観測は、日常的に絶えず、随時ネット輿論の動向、特徴、トレンドを把握しようとすることである。例えば、大学 BBS のシスアドの仕事は日常監視・予測の範疇にある。日常監視・予測の意義は、随時にある。一旦社会の安定に不利な重大な虚偽情報を発見すれば、即時関連部門に報告することができる。また、オピニオンリーダーの手段を通じて、日常的に輿情を誘導し、関連部門の輿情政策をサポートする。

突発事件監視・予測は、集団性突発事件の発生時に、関連ネット輿情を監視・予測することである。突発事件の変化要因が多く、内部関係が複雑で、発展トレンドが予測しにくく、管理機構の情報判断と対策決定を難しくしている。また、突発事件の中の対立双方は、情報流通の正常なルートを阻害したりしていることが多く、各種のデマに隙を与えている。これらの事件は突発性が強く、社会影響が大きく、政策決定者に与える時間が短く、精確な最新情報を速く獲得できなければ、重大な結果をもたらしてしまう。しかし、巨大なプレッシャーがかかった政策決定者はあらゆる情報を採取して、整理分析して、判断をゆっくり行う余裕をもつことができず、誤りがちである。したがって、突発事件発生時に、輿情監視・予測システムが非常に重要である。

121

第2節
ネット輿情監視・予測の方法と流れ

一　輿情監視・予測システムの定義と機能

　ネット輿情監視・予測はシステムソフトウェアによって実現できる。ネット輿情監視・予測システムとは、一定の社会空間内で、社会事件の発生、発展と変化を巡って、民衆がネット上で表した、社会管理者に対して社会政治態度を、コンピューターを利用して監視・予測するシステムの総称である。ネット監視・予測システムは、ホットな問題と重点分野を集中するサイト、論壇などを24時間体制で監視し、最新の情報と意見を随時記録することができる。其の後データの形式を転換し、元データとのリンクも保存する。ホットな問題への知能的分析は、まず、掴んだ内容を分類し、ダイジェストして分析する。それによって管理者が有効で現実的な世情民意を見ることができる。最後に、システムは監視・予測の結果を異なる職能部門に押し出して、対策制定のために提供する。ネット輿情監視・予測システムは、検索エンジン技術とネット情報発掘技術を利用し、ウェブページの内容を自動的に採取、処理し、敏感な言葉を濾過し、知能的に分類し、テーマを検出し、テーマにフォーカスを当て、統計分析を行い、各部門のネット輿情監視・予測の管理需要を実現し、最終的には、輿情短信、輿情専門報告書、分析レポート、モバイル短信などを形成する。政策決定者はこれによって輿情動向を全面的に掌握し、正しい輿情引導を行うことが可能になる。ネット輿情監視・コントロールシステムの機能は以下である。

1　ホットスポット識別能力

　　転載の回数、評論の件数、返信の件数、危機の度合いなどをバロメータに、ある時間内のホットな話題を識別することが可能である。

2 傾向性分析と統計

　情報が表している観点、主旨に対して、傾向性分析を行う。分析の根拠は情報の転載回数、評論の時間密集度などである。

3 テーマ追跡

　ホットな話題についての情報を追跡し、その傾向とトレンドを分析する。追跡する具体的な内容は、情報源、転載回数、転載アドレス、地域分布、発信者情報など関連する情報要素である。

4 情報自動要約機能

　テキストから自動的に情報を要約し、彼らの要約はテキストのテーマと要旨を精確に代表できる。ユーザーはテキスト全文を読まなくても、ダイジェストだけで、核心的な内容を迅速に掴むことが可能になる。また、システムはユーザーの要求によってダイジェストの長さを調節する。主に、テキスト情報要約とウェブページ要約の二つの機能がある。

5 トレンド分析

　図表によって、監視対象となるキーワードが時間軸上の推移を分析し、段階的な結果を出す。

6 突発事件分析

　自然災害、社会災難、戦争、動乱、偶発事件などの発生時に、それらのホットスポットに関連する傾向分析、トレンド分析を行う。

7 警報システム

　輿情分析エンジンシステムのホットな情報と突発事件に対して監視し、情報の用語と警報監視データベースによって分析を行い、情報輿論の健康な発展を確保する。

8 統計報告

　輿情分析エンジン処理後の結果ベースによって報告を生成する。ユーザーはそれを閲覧する。キーワードなど検索条件によって、ホットな話題とその傾向性について問い合わせ、具体的な内容を閲覧することできる。

二 輿情監視・予測システムの基本的な流れ

1 ネット情報採取システムがインターネットにおいて、ニュース、論壇、ブログ、評論などの輿情情報を採取し、データベースに格納する。

2 輿情分析エンジンが採取した情報を洗浄し、知能的に研究、判断、加工し、分析結果輿情成果データベースに格納する。輿情分析エンジンは、知能的分析技術と輿情知識ベースに頼る。

3 輿情サービスプラットフォームが、輿情成果データベースの中の加工された輿情データをウェブインターフェスに展示する。

4 ユーザーが輿情サービスプラットフォームから輿情情報を閲覧し、短信生成などの機能を使って、輿情の深度加工と日常監督を行う。

第3節
ネット輿情監視・予測システム

　ネット輿情監視・予測システムは、政府機構、企業、事業法人と個人が、インターネットとビッグデータの時代において、輿情監視・予測、分析、管理を行う知能的プラットフォームである。インターネットの環境下で、社会大衆の政府、企業などに対する言論が随時随所で発生する中、輿情管理システムが政府と企業の目と耳になることができる。輿情監視・予測システムを利用して、リアルタイムに政府と企業に関連する各種の輿情情報を収集、発掘、分析、研究・判断し、政府と企業の指導者の意思決定をサポートする。

　ネット輿情監視・予測システムには、輿情データ採取、輿情情報発掘、輿情監視・予測と発布・管理の機能がある。以下の子システ

ムによって実現される。

一　インターネット情報採取システム

インターネット情報採取システムは、輿情監視・予測システムの基礎的な子システムである。その主な目標は各種のインターネット情報の採取と簡単な選びである。これはインターネット検索エンジン技術を利用して、狙いを定めて、精確に情報をつかみ、一定のルールと選択基準でデータを分類し、データベースを形成するプロセスである。

現在、インターネット上のデータ採取に採用されている技術は、垂直検索エンジン技術を利用したネット爬虫ロボット、言葉分けシステム、タスクと検索システムなどの技術を総合的に運用して完成される。人々は、一般に上記技術を通じて、夥しい情報とデータを採取してから、選択と二次加工を行い、ネットデータ価値と利益の最大化、専門化を実現する。

ネット爬虫ロボットは、ウェブページのリンクを通じて、ページを探し、あるページからスタートし、ページの内容を読み込み、さらにリンクによって次のページを探し、このように、あらゆるページを掴み終えるまで繰り返す。もし、インターネット全体を一つのサイトとみなせば、ネット爬虫ロボットは、この原理を利用してインターネット上すべてのページをつかみとることができる。それで、国内外の各種のインターネット情報の採取を実現する。

ネットロ爬虫ロボットの進化版は、各種のネットプラットフォームと各種のコンテンツに対応できる。絶えず変化しつつあるサイトの情報採取、テキスト、画像、音声、動画などことなる形の情報の採取、ゴミ情報の濾過などにも対応できる。

二　輿情データ格納システム

データ格納システムは、原始データ、輿情分析と発掘の中間データ、、輿情発布と運営管理段階のデータ、ユーザー使用行為履歴など、各種の輿情情報の格納を行う。

第4章

ネット輿情の監視・予測

125

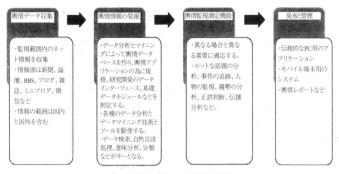

ネット輿情監視・予測システム基本機能の構図

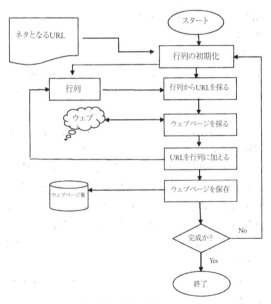

ネット爬虫ロボットの作動フローチャート

　ネット輿情観測システムの観測対象は、ネット上のあらゆる情報であり、その量は途轍もなく大きく、すなわち、ビッグデータであ

る。ビッグデータの時代では、データの規模が GB から TB へ、TB から PB へと膨らみ、伝統的な関連型データ格納方式では、夥しいデータの格納問題を解決しにくくなっている。このため、新しいデータ管理システムが現れ、たとえば、並列データベース、NOSQL データ管理システム、NEWSQL データ管理システム、クラウドプラットフォームなどである。これらの新技術と新データ格納方式は、ネット興情観測システムのデータ格納により解決方法を提供した。その内、クラウドデータ管理は優良な解決法と言えよう。

　興情監視・予測システムのクラウドデータ管理とは、興情監視・予測サービスを受ける顧客が、自分のコンピュータ上に興情データ管理ソフトウェアをインストールする必要がなく、サービス提供者が提供する興情データベースを使えば、興情データの検索と応用が可能になる。

　クラウドデータ管理システムの利点は透明性、伸縮可能性と高いコストパフォーマンスである。クラウドデータ管理システムの優位性は、透明性。顧客はハードウェアとソフトウェアを考慮することなく、サービス提供者が提供したインターフェスを使用して、サービスを受けることができる。

　伸縮可能性。顧客が自分の需要によって各種の資源を申請する。需要はダイナミックに変化してもよい。

　高いコストパフォーマンス。ユーザーが自分のインフラとソフトを購入しなくてすむ。専門的な運営・補修チームを配置しなくてもすむ。

三　興情データマイニングシステム

　データマイニングとはデータの中から知識を発見する一ステップである。一般にアルゴリズムを使って、大量のデータから隠された情報を捜索する。データマイニングはコンピュータサイエンスと関係が強く、統計、オンライン分析処理、情報検索、マシン学習、専門家システムとモデル識別などの方法で、上記目標を達成させる。興情データマイニングは、夥しい興情データの中から、政府機構、

企業、事業法人などが輿情分析、追跡、研究・判断を行うことによって価値のある情報を探し出すことである。輿情情報発掘が常に使っている手段は、グルーピング、分類分析、関連規則、などである。

1　グルーピング

グルーピングとは、夥しいデータから類似の情報を探し出すデータ分析方法である。用途が非常に広い。ビジネスの分野では、グルーピングは、マーケッティングの仕事を助けて、消費者データベースから消費者を異なるグループに分けて、各グループの消費モデルを要約することができる。基本的なグルーピング方法は、K-means と K-medoids などである。

ネット輿情観測システムは、グルーピングを使って、類似と相関の輿情情報のタイプを判断する。例えば、現在のネットユーザーの話題にどんなタイプがあるか、個々のタイプの中では、官僚に対する苦情はどれか、意見はどれか、それらの間にどれほど強い関連性があるか、各種の報道の類似の度合いなどである。

2　分類分析

分類分析とは、予め設定したタイプに情報を落として、分析することである。分類分析は、監督された学習プロセスである。常用のアルゴリズムは、Bayes 算法とツリー算法である。Bayes 算法は統計学的分類方法であり、確立統計の知識を使うものである。Bayes 算法は、大型のデータベースに運用可能で、簡単で、精確で、早いものである。

分類分析は、輿情情報を異なる次元で分析し、異なる指標をもって、輿情の企業、もしくは政府、もしくは個人に対する影響を分析する。例えば、輿情をポジティブとネガティブにしたりする、あるいは、アラームレベルによる分類、ランキングによる分類などである。

3　関連規則

関連規則は別のマシン学習方法であり、データの間の関連を発見

することに用いられる。輿情発展トレンドの分析と輿情の影響判断に応用される。例えば、どんな輿情危機が同時に出現しうるか、ある種の輿情情報を発布、伝播するネットユーザーはほかにどんな情報を発布しうるか、などを推測する。関連規則の発掘目標は、データとデータの関連性である。もっともクラシックな案件は、ウォルマートの「おむつとビールの関係」物語である。ウォルマートのデータ分析システムが、乳幼児をもつ米国の若い父親が帰宅途中におむつを買う時、ついでに自分の好きなビールも買うという傾向を見出した。

　関連規則発掘プロセスには二つの段階がある。第一段階は、夥しいデータから、すべての高頻度データを探し出すことである。第二段階は、それらの高頻度の情報から、関連性規則を見出して、分析、判断することである。

　データマイニング能力は、ネット輿情監視・予測システムの核心的な能力の一つであり、同時に、輿情監視・予測システムの利用可能性と拡張可能性を検証するものである。

四　システム機能と管理

　輿情システム機能は、ネット輿情監視・予測システムの応用体現である。良いネット輿情監視・予測システムは、監視・予測システムを研究開発する側の理解をベースにして開発した機能だけではなく、顧客の需要に基づいて特化した機能をも含むべきである。ネット輿情監視・予測システムの機能は以下を含む。

　ホットスポット識別能力：情報の出所、ネットユーザーの評論の件数、記事発表の時間、注目の密集程度などをバロメーターに、特定時間内のホットな輿情話題を識別する。

　傾向性分析と統計：情報に含まれている輿情観点、主旨に対して傾向性分析を行う。情報の転載量、評論の時間、情感傾向などで発展トレンドを判断する。

　テーマ追跡：主にホットな輿情話題を追跡し、その傾向性と発展トレンドを分析する。具体的な追跡内容は、情報源、転載量、転載サイト、伝播経路などを含む。

トレンド分析：図表など可視化の形式で輿情発展トレンドを展示する。展示内容は、地域分布、業界分布、競争相手情報、時間軸上の変化、異なるメディア間の伝播などを含む。

突発事件分析：ネット上の突発事件に対して監視・予測と分析を行う。突発事件追跡機能を提供し、図表で事件の伝播状況と輿情トレンドを示す。

輿情警報：ホットな情報と突発事件を観測し、輿情のネガティブな面、その程度と影響範囲、リスクと損失の程度などによって、注意報を鳴らす。提示の形式は、メール、携帯メール、微信などで監督管理要員に知らせることなどである。

統計報告：輿情分析エンジンの処理結果としての輿情レポートによって、ユーザーは、ブラウザなどで閲覧することができる。システムが提供する情報検索機能を利用して、ホットな話題、傾向性観点などについて、問い合わせることができる。

分類監視・予測機能：システム自動のグルーピングと分類、および顧客の需要によって輿情観測を分類することができる。たとえば、リーダー観測、業界観測、競争相手観測、新メディア観測などである。

ネット輿情情報システムの管理は、監視・予測システムの日常運営とメンテナンス、システムの配置と操作、システムデータのバックアップと管理、システムの応用とトレーニングなどである。これは専門的な責任者とプロの要員によってサポートされる。もちろん、良好なシステムデザインはネット輿情監視・予測システム管理能力を上げる重要な前提である。したがって、専門的なネット輿情監視・予測システムを使用することは、輿情管理能力を上げる必要条件である。

第4節
ネット輿情監視・予測制度

　現在、中国のインターネット管理法律は、いくつかの行政条例だけからなっている。全体的には、権威性のある法律根拠が欠けている。権力の交差、責任の不明瞭などの問題が時々発生する。立法がインターネットの発展に遅れ、管理が脱線する現象がある。インターネット管理法律を完備させ、法によってネットを統治し、政府の制度管理を強化することは、ネット輿論を誘導する根本的な武器である。

一　突発事件に対するネット輿情の管制と保護についての法律の完備

　先進諸国の法律は、すでにインターネットとネット行為に対して、明確な規範を規定している。米国はインターネットの発祥地として、情報公開に関する法律が完備されている。古くは 1946 年制定の連邦行政プロセス法、1966 年発布の情報自由法があり、その後、《日の下の政府法》、《プライバシー法》があり、米国の政府情報公開法律体系を構成し、市民の知る権力を保障した。現在、米国のネット輿情関連法律は以下からなる：《情報自由法》、《個人プライバシー法》、《反腐敗法》、《設備と計算機を偽造・訪問・詐欺に関する法》、《計算機安全法》、《伝播浄化法》、《電信法》、《児童ネット保護法》、《公共ネット安全法》などである。

　イギリスは、既存の《猥褻物図画出版物法》、《青少年保護法》、《映像製品法》、《計算機乱用禁止法》、《刑事司法》と《公共秩序修正法》などで、ネット管理をしてきた。1996 年 9 月 23 日に、《ネット管理専門法「3R インターネット安全規則」》を発布し、ネットサービス提供者とネットユーザーの自律をベースに、ネット上の児童ポルノなど有害情報を排除することを目的とし、ネットサービス提供者、末端ユーザー、ネットニュースの編集者に対して、明確な責任分担を定めた。

ドイツでは、ネット言論は言論の一種とみなされている。言論の自由を保護すると同時に、制限も設ける。1997 年 8 月 1 日に《情報伝播サービス法》が成立し、これがヨーロッパ初のネット内容規制法となった。不法内容伝播の責任を追及し、ネットサービスが不法言論を容認することを有罪とした。また、《ネット警察》を通じて、危険内容の伝播を監視、コントロールした。この他、ドイツは《電信サービスデータ保護法》、《情報自由法》を発布し、刑法、著作権法などを修正した。

　フランスは、1996 年 6 月に《フェラー修正法》を成立させ、ネット通信チャンネルの提供者は保護者が未成年の使用を監視できるソフトウェアを提供しなければならないと規定した。また、ネットサービスの職業規範を制定する委員会を成立させた。もしネット通信チャンネル提供者が技術規定に違反すれば、刑事責任を追及する。この他、フランスは、《情報社会法案》を制定した。その核心的な思想は、法律上、各個人の権利と責任を明確にし、ネット上の通信と交易自由と情報伝播の安全性を保障し、情報社会の民主化を実現し、文学芸術作品の知的財産権を保障し、ネットアドレスを規範化管理し、電子商取引の安全性と信頼性を高めることにあった。

　韓国は、専門的なネット審査法規を始めて持った国である。1995 年《電子伝播商取引法》を打ち出し、《国家主権の喪失につながる有害情報》などのネット輿情内容に対して審査を行う。必要によっては、情報提供者に内容の削除と制限を命じることができる。その後、《不健康サイト鑑定基準》、《インターネットコンテンツ濾過法令》、《情報化促進基本法》、《情報通信基本保護法》、《電信事業法》、《情報通信ネットワーク使用促進および情報保護法》などの関連法案を成立させた。これらの法案で、ネット管理の法律の枠組みを確立した。

　以上を総括すると、各国がネット関連の立法と司法を重視していることがわかる。中国政府もネット輿情を法律体系に取り入れるべきである。ネット基本法を制定すると同時に、ネット輿情関連の法律を完備し、法によってネットを統治し、有効な法律をもってネット輿情の表現を規範化すべきである。

　中国は、ネット法規を整備し、ネットユーザー、ネットサイト、ネッ

ト管理部門の権利と責任を明確にすべきであろう。立法を早め、ネットプライバシーを保護し、プライバシー情報とそうでない情報の区別を明確にし、情報公布と情報乱用を区別し、ネット権利侵害行為の民事および刑事責任を追及し、ネット不道徳行為のコストを増加させ、合法情報公布行為の各流れに対して、審査批准を行い、厳しく規制する。虚偽情報を発布して詐欺を行う行為および他人の権利を侵害する行為を処罰しなければならない。ネットメディアの責任を合理的に定め、一定の監督義務を負ってもらう。

　具体的に、ネット輿情法律の完備は、立法と執行の二つの次元で考慮すべきである。立法面では、統一のインターネット基本法《中華人民共和国インターネット法》を制定して、関連法案を統合すべきである。知る権利とプライバシー権、ネット輿情と中傷誹謗、言論自由と人身攻撃の限界を科学的に区別し、非合法情報の範囲を合理的に定め、ネットユーザーの行為を規制し、虚偽情報の散布、中傷誹謗、不法な「個人情報捜索」、およびネット言論に対する抑圧、打撃、報復などの行為を管制、処罰する。執行面では、ネット主体の匿名性と地域に束縛されない特性によって、責任の追及と認定など法律執行上一定の困難がある。当面の急務は、執行監督を強化し、執行人員の素質を挙げ、複数の役所による重複監督の現象を解消すべきである。

二　突発事件に関する政府情報公開制度の建設を加速

　突発事件情報公開制度を建てるために、政府部門はニュース宣伝工作を重視し、信頼性を高め、良好な輿論環境を実現しなければならない。過去の宣伝制御者から、情報提供者への転身をしなければならない。突発事件の発生時は、ニュース伝播の規則にしたがって、ニュース報道官を通じて、即時に、社会に真実な情報を発布し、積極的に自分をメディアに売り出し、輿論の高所を制する。共産党と政府の権威的な声を通じて、疑惑を解消し、積極的にネット輿論の流れをよくし、問題解決の方向へ向かわせねばならない。

　また、民意表現のメカニズムを完備しなければならない。ネット

上で、市民論壇などを設立してもよい。論壇は人民代表大会が主催し、民衆が自由に参加し、人民代表に意見を、それも建設的な意見を出せるようにする。メディアは時事評論を重視し、新聞、テレビなどのを利用して最近発生した出来事と流行りの観点に対して評論を行い、民衆に事実の真相を知ってもらい、民衆の陳情のチャンネルを疎通し、政府首脳の陳情受付日を設けたりして、民衆の政治参与の道を広げ、人民内部の矛盾を妥当に処理する。

突発事件の応対において、政府は政府ネットサイト、ネットメディアを通じて、事件関連情報の多次元、立体化伝播を促進し、輿論を誘導し、民衆の理解と支持を勝ち取らねばならない。政府ネットサイトは権威的な情報伝播プラットフォームとして、突発事件関連情報公開において、重要である。

三　ネット報道官制度の設立と完備

ネット報道官制度はニュース報道官制度のネット世界での延長である。ニュース報道官は国家、政党、社会団体の専門的なニュース発布人員を指定し、その職位は当該部門の中層以上の責任者とする。ニュース報道官の責任は、一定時期内、重大事件あるいは時勢の問題について、記者会見を行い、関連ニュースと本部門の観点と立場を表明し、本部門を代表して、記者の質問に回答する。ネットは民意の集散地であり、輿論の増幅器でもある。ネット報道官制度は、政府とネットユーザー、民衆との交流を促進し、良性な相互作用を形成させ、政府、ネットユーザー、ネット輿論の至近距離での接触を実現することが求められる。

ネットニュース報道官制度は政府が積極的に社会公衆に対面する開放的な態度を示している。その趣旨は、ネットを通じて、即時に、主動的に、精確に、権威的な情報を発布し、虚偽情報を排除し、情報の不完全を補い、誤解と矛盾を解消し、ネット輿論を正しく誘導することである。政府は、恩着せがましい態度と仕方なく応答する態度を回避すべきである。外交辞令、内容のない決まり文句などを使うべきではない。ネットニュース報道官制度は、メンツのためのプ

ロジェクトではなく、政府の信頼性を示すプラットフォームである。

　具体的には、ネット輿情監視・予測精度を建て、ネット輿情監視・予測、収集メカニズムを作る。各要員が毎日のネット輿情収集責任を明確にし、国内ネットサイト、論題、ブログに対して、24時間体制で巡査し、毎日リーダーに当日の輿情捜索情報を報告する。休日も例外ではない。重大ネット輿情の発見は記事発表の24時間以内にする。すべての職場にネット情報員とネット評論員を設け、各職場のネット輿情監視・予測収集の仕事を任せ、これを重大な目標管理の実績にする。また、ネット輿情処置の流れの規範化を行う。ネット輿情の分類と処置の流れを制定し、キーワードデータベースを建て、毎日、《ネット輿情日記》を書き、当日の輿情情報の状況を詳しく記録し、その動向を追跡し、ネット上当地と当部門に対する輿情情報を速やかに分析して、研究・判断を行い、原因を精確に突き止め、反映された問題を確認し、ネット輿情発展トレンドを正しく判断する。また、輿情レベル分け制度を完備しなければならない。輿情の性質、リスク程度、影響範囲などによって、重大、比較的に大きい、一般など三つのレベルに分ける。行政処罰を行う時、もしくは当事者と接見する時に誘発されうるネット突発輿情に対して、予報を建て、速く関連部門に応対準備をするように知らせる。また、輿情監視・コントロール、コントロールのメカニズムを建てなければならない。客観的な批判に対して、即時に、公開に回答し、主導権を握る。事実無根の指摘に対しては、即時に打ち消す。メディアに注目され、ネット上に目を引く敏感な事故に対して、記者会見を行ったり、メディアの取材を受けたりして、対応する。

第4章　ネット輿情の監視・予測

第5章

ネット輿情に対する研究・判断と対応

第1節
ネット輿情の研究・判断と対応

一　研究・判断の内容と指標

　ネット輿情は、一定の社会空間内に発生、発展、変化した輿情現象や問題の中で、民衆が表した信念、態度、意見と情緒をインターネット上にした投影である。ネット輿情の研究・判断は、上記ネット輿情に対して、相応の研究、判断を行うことであり、輿情情報の伝播をもって政策決定の価値判断に影響を与える。中国の学者はすでに各種のネット輿情指標システムと理論モデルを構築した。六種類のものは比較的有名である。

1　戴媛氏のネット輿情総合指数を主な指標としてネット輿情安全評価指標システム。

2　金兼斌氏の時間、数量、顕著度、集中度、意見を監視・予測対象とする五次元輿情監視・予測指標システム。

3　蘭新月氏のネットユーザーの反応、情報特性、事態拡散の三つの方面から突発事件ネット輿情安全評価指標システム。

4　王青氏らの輿情の熱度、強度、傾斜度、成長度という四次元設計のネット輿情監視・予測と警報指標システム。

5　談国新氏、方一氏の 12 space 理論を利用したネット輿情監視・予測評価指標システム。

6　呉紹忠氏らの輿情、輿情伝播、輿情受け手の結合からなるネット輿情警報レベル指標体系。

二　研究・判断のモデルと方法

　輿情民意表現と伝播の主要な媒体として、インターネットはますます重要な作用を発揮してきた。社会秩序の安定を維持し、調和された社会を構築するために、ネット輿情に注目し、有効なネット輿情モデルを認識し、ネット輿情研究・判断の方法を熟知することは、

政府官僚と企業、事業法人の幹部の重要な条件となっている。ネット輿情の研究・判断で、以下の五つの方面から着力する必要がある。

1　専門的なネット輿情監視・予測分析プラットフォームを構築し、ネットをベースに、メディアサイト、地方のポータルサイトの輿情情報を網羅する。それと同時に全国の重要なネット社交ツールと論壇などで、重要なニュース事件を集め、その中で必要な輿情情報をすみやかに発見する。

2　ネット輿情をリアルタイムに収集するメカニズムを作る。専門職員によってネット輿情を日常的に監視・予測し、危険性、傾向性、集団性のあるネット輿情情報を発見すれば、報告、警告を行う。すでに発展、発酵した輿情情報に対して、処置する。

3　ネット輿情分析研究・判断メカニズムを作る。集めた輿情情報を分類し、整理し、輿情動向のレポートを生成する。

4　ネット輿情快速対応メカニズムを作る。ネット輿情に対して、即刻調査し、真実の情報を把握し、有効な応対措置を取り、輿情を発布したサイトとの連絡を保ち、対応する評論をし、積極的に引導し、各種のネガティブな影響を打ち消す。

5　常態化した情報発布メカニズムを作る。民衆が関心をよせる情報をネット上に発布し、民衆の知る欲求を積極的に満たし、デマなどの拡散を有効に止める。ネット輿情研究・判断は、システムプロジェクトである。社会の各部門と各業界をカバーし、ニュース学、伝播学、社会学、公共管理学などの各学科に関連する。したがって、ネット輿情研究・判断を行う時、政府部門の仕事体系、社会システムの認知体系、メディアの思考体系と行動体系などを総合的に考慮しなければならない。ネット輿情研究・判断の対象全体的に捕らえ、相応する正しい判断をする。ネット輿情研究・判断のプロセスにおいて、大量の輿情情報から典型的なケースを掴み、科学的で合理的な判断を行う。ネット輿情を載せる媒体を合理的に利用し、輿情の隠蔽性特徴を十分に認識し、ニュース評論、ブログ、ミニブログなどの輿情情報をチェックし、それらの情

報から民衆の社会政治態度、輿情発生の根本原因、発展態勢および可能な結果など有用な情報をピックアップし、追跡と深層の発掘を行う。

第2節
ネット輿情への対応

一　ネット輿情対応の指導思想

　一般的な社会輿情に比べると、ネット輿情の隠蔽性、広範性と拡散性は見くびられない。ネット輿情情報収集の完全性と分析判断の高い効率を確保するために、もれなく選択し、収集し、革新的な対応をし、ターゲットを絞り、実用性を重んじるといった考え方にしたがって、ネット情報を全面的に網羅するメカニズムを形成して、選択結果を集成する。

二　ネット輿情対応の基本原則

　日に増して成熟してきたネット輿論場に対して、ネットよろ処理技術と策略を熟練に掌握することは、ネット輿情処置の基本的な要求である。ネット輿情を処置する時、心、肩、口、手の協調と統一を堅持すべきである。

　心、すなわち、態度を端正にし、素直で誠実に対応することである。突発したランダムな事件に際しても、素直で誠実に応対し、公衆の理解と信任を勝ち取る。

　肩、すなわち、責任意識を明確にし、責任を負う肩を持つことである。輿情応対を行う主体はえてして政府、企業、団体の責任者である。従って、輿情発生後、事実状況を誠実に公布する以外に、責任も負わなければならない。責任を回避するべきではない。

　口、すなわち、即答することである。輿情応対は迅速に行うべきである。輿情危機が拡散するか否かは、えてして一瞬のうちに決ま

140

る。即時で、有効で、平等な対話は、公衆の情緒を大きく緩和することができる。オンラインとオフラインの輿論相互作用は、疎通を実現するだけではなく、自分に有利な輿情情報を伝播し、事実関係をはっきりさせ、デマを打ち消し、民衆の怒りを宥める効果もある。

　手、すなわち、行動である。ネット輿情発生前に、輿情警報メカニズムを構築し、ネット輿情危機応急対策を制定し、先手をとる。輿情危機発生後は、即応対措置を起動し、最短時間内に危機を解決し、ことを鎮めねばならない。

三　ネット輿情対応の落とし穴

　単純な記事削除とブロックの方法は、ネット輿情対応の落とし穴である。そのようなことをすると、自ら世情民意との疎通を断つことであり、輿論を正面から誘導するチャンスを失うだけである。

　また、ネット輿情に敏感に反応せず、応対の時期を失ってしまうことも落とし穴である。

　もちろん、ネット輿論に対して、軽率な対応も禁物である。そのようなことをすると、さらなる質疑と不満を引き起こし、ネット輿論の攻撃対象になりかねない。

四　ネット輿情誘導の方法と技巧

　ネット輿情の誘導は、すぐさまにできる芸当ではない。まず、宣伝とトレーニングを強化し、責任主体の意識を高め、ネット輿論の監督下で仕事をする能力を身に着ける必要がある。

　日に増して開放的で透明になる輿論環境に対して、社会責任主体は、輿論圧力に屈しない精神力だけではなく、落ち着いて対応する能力を有しなければならない。情報公開を常態にするだけではなく、ネット輿情を積極的に研究・判断する能力を有しなければならない。ネット上反映された問題を勉強のチャンスと捕らえる。過激な言論に対しては、明晰な判断力をもって対応する。ネット輿情に対する敏感意識を培い、正しいネット輿情観念を樹立し、ネットがもたらす衝撃と挑戦を恐れず、ネットを利用し、ネットを民意表現のプラッ

トフォームにし、仕事中の盲点、弱点と問題を発見し、輿情形成の社会基礎を探し、問題を根本的に解決せねばならない。

メディアはネット輿情の集散地であり、同時に、輿論宣伝の重要なプラットフォームである。メディアを知り、メディアを巧妙に利用することは、各部門の仕事の重点である。メディアの言論傾向は、得てして輿論に対して巨大な誘導作用を持つ。従って、メディアを利用して正面から輿論を誘導し、宣伝工作を強化し、ポジティブな声でネット陣地を占領し、正しい輿論でネットユーザーを誘導し、ニュースネットサイトの輿論リーダーとしての力を発揮し、広範で、多次元のネット輿論誘導プラットフォームを構築すべきである。ネットメディアの伝播速度、伝播範囲、相互作用などの特性を発揮して、ネット輿論誘導の効果を最大限に引き出す。ネットユーザーの秩序ある参与を積極的に誘導し、ネットユーザーの声に耳を傾け、虚偽情報を断固として拒否し、ネット空間を社会主義の核心的価値の伝播と高揚の場とし、ネット空間と現実社会との良性的な相互作用を形成させる。正しい輿論誘導方向を堅持し、積極的で、健康で、ポジティブな主流輿論を作り、精確で、客観的で、全面的な報道をもって、社会に全方位的な情報を提供し、社会各グループの各種の情報需要を満たし、ポジティブな宣伝をもって、雑音の生息空間を圧縮し、ポジティブな声で、間違った観点の不良影響を打ち消さねばならない。

健全な業務制度を構築することは、輿情応対のキーとなる。情報発布制度を建て、主流メディアと重要なポータルサイトで、即時に重要な情報を公布する。輿情監視・コントロール制度を建て、輿情を迅速に分析、判断し、問題の根源を発見し、権威性をもって発布し、公衆の疑問に即時に応えて、無駄な弁論をせず、野次馬にならず、人為的にホットスポットを作らないようにする。輿情処理予備対策制度を作り、輿情の発生しやすいメディアに対して、事前に研究し、応対予備対策を用意しておく。また、ネット輿情快速反応メカニズムを作り、内在の規則を積極的に探し出す。予防を主に、ネット輿情の予報メカニズムを作り、突発な輿情をもたらしかねない事件について、警報を鳴らし、災いを未然に防ぐ。正面からの疎通を強化し、

ネット輿情の処置メカニズムを作る。ネットユーザーが反映した事実や根拠のある批判ネット輿情に対して、速やかに改善し、公開に回答し、仕事の主導権をとる。事実無根な中傷に対しては、正当なルートによってデマを打ち消す。不当な野次馬に対しては、法律に則って妥当に処置する。メディアに取り上げられた敏感なケースに対しては、記者会見、取材受け入れなどの方式で、解答を行う。リスク評価を行い、ネット輿情の研究・判断メカニズムを作る。地方政府は、輿情反映の対象の具体性、ネタの真実性、状況、結果の厳重性などを詳しく研究し、リスクを見積もり、輿情危機のレベルを確定し、それに相応する応対メカニズムを起動させる。公共メディアを十分に利用し、ネット輿情に連動するメカニズムを作る。伝統メディアの指示を勝ち取り、即時に、客観的に情報を発布し、広範な理解、協力と支持を受け、不利な輿論動向を回避する。

　民衆の声を尊重し、民意に耳を傾けることは、ネット輿情処理の重点である。ネット輿情警報作業が始まった時に、輿論相互作用プラットフォームを利用し、情報疎通のチャンネルを広げ、民衆の意見に耳を傾け、輿論の中の良い意見、良い考え方を選び、仕事の閉塞を打破する。長く有効に機能するメカニズムを目標に、情報操作システムを補完し、作業の責任を細分化し、組織内と組織間の協調性を強化し、輿情集中、帰納、検証、精錬、処理、フィードバックのメカニズムを作り、論壇、チャットルーム、電子メイル、ブログなどの形式で民衆と交流し、大衆思想と社会輿論を誘導する。科学的で民主主義のプロセスで、ネット民意を良性の思考と行動に移し、広範な理解と支持を求め、インターネットの優位性を社会管理推進の現実的な力にする。ネット民衆を満足させ、実際の行動をもって、社会管理の能力を高める。

第6章

ネット輿情管理の戦略

第1節
ネット輿情管理の理念とメカニズム

一 主動的に出撃し、速やかにコントロール

　ネット上の伝播は伝統メディアより速く、政府の行政効率に高い要求を求めている。しかし、古い考え方に束縛されて、一部の職能部門は、民衆が関心している問題に対して反応が遅く、無視したり、政治業績のために真相を隠したりさえする。それで事態が悪化し、大きな社会問題になって、やっと慌てて対処せざるを得ないことになる。結局、輿情事件処置の最適なタイミングを逃してしまう。

　従って、ネット輿情、特に突発事件に対し、関連部門は主動的に出撃しなければならなく、即時に権威のある情報を発布し、民衆と交流を謀り、ネット輿情誘導の先手をとり、ネット発言権をしっかり握ることが大事である。

　第一、ネット輿情の日常的観測メカニズムを作り、24時間体制で、絶えず事件を追跡し、重点サイト、重点論壇に対して、テーマ検測とフォーカスを行い、事態の変化を即知り、ネット輿情を精確に把握する。ビッグデータの時代背景下で、ネット輿論の状況を手にとるように熟知するためには、強大な輿情観測システムに頼らざるを得ない。第二、ネット輿情の特徴とその変化規則を把握し、輿情の解読と研究・判断を行い、レベルによって応答、処理するメカニズムを作り、科学的にネット輿情に対応する。輿情発展の規則によって、輿情事件の発展トレンドを判断し、各可能な方向に対応する準備をし、事態を速やかにコントロールし、新しいホットスポットの誘発を防止する。主動的になり、ネット発展、ネット輿情誘導と管理に対する研究を強化し、ネット発展を促進する方針、政策を指定し、人員を組織して克服し、技術難題を克服し、ネットの発展によって現れた重大問題を解決し、中国国内のインターネットの発展を促

進し、中国の国情に合うネット興情管理体制を作り、ネットメディアを発展の利器にする。

二　時には流れをよくし、時には水を堰き止め、臨機応変に管理

　古来、民の口を防ぐことは、川の氾濫を防ぐことより難しいという言い伝えがある。中国改革開放の深化により、民衆の民主意識が高まり、知る権力と発言力を求める要求も空前に高まった。インターネット技術の発展は、すべての市民からの情報発信を可能にした。法律が受容する範囲内なら、だれでもミニブログ、微信、論壇などで情報を発信し、意見を述べ、思想の交流を行うことができるようになった。ネットの時代、輿論伝播の局面は大きく変化し、ニュース報道の時間限界、空間限界、属性限界などが打破され、伝統メディア時代常套のニュースリソース封鎖などの手段はもはや通用しない。インターネット伝播の特徴と属性により、ネット興情管理の主要方法は、削除とブロックではなく、交流であることに決まっている。そうでないと、社会輿論の地震源ができてしまって、非常に危なくなる。伝統輿論と異なって、ネット上の観点と言論は、民衆の本当の気持ちに近く、如実に社会の状況を反映している。法律はすべての人に言論の一自由を保障している。だれでも、ミニブログ、ブログ、論壇などでネット上に自由に言論を発表することができる。研究によれば、情報量の少なさは、一時的な政治安定を保つことができても、長期的にあれば、情報欠乏になり、表面的な安定は政治危機の前夜にすぎない。逆に、情報過剰は、社会構成員の交流と政治願望の表現に有利な条件を作るが、社会コントロールを弱めてしまう。特にインターネットの交互性、同時性、開放性と地域性などの特徴によって、情報過剰はかならずコントロールの低下を起こす。その直接の結果は情報汚染で、場合によっては、社会の調和と安定を脅かす。

　従って、ネット興情の管理と誘導は、謀略が必要である。管理しないといけないが、管理しすぎるのも良くない。堰止めと疎通の両方が必要である。ネット興情の実際の状況から出発し、社会秩序の

維持と社会安定の保持、市民の合法的な権益の保証を根本とし、ネットユーザーの正常な表現欲を満足させ、政府に対する意見も言ってもらい、社会輿論をよく誘導する。主流メディアを支援し、いち早く報道させ、輿情の第一声を発し、自身のニュース性、情報性、思想性を高め、更に権威を作り、輿情を正しくリードし、陣地を有効に占めて、読者を引き寄せる。

三　病症も病因も治す

　ネット輿情の規範と誘導は個別のものではなく、現実世界の思想工作と実際の仕事と密接につながっている。両者は連動している。突発事件は社会真相問題の導火線にすぎない。ネットがなくても、これらの問題は現実社会に存在する。ネットは空間を提供しているにすぎない。官民対立の社会事件の中で、官に対抗する民は得てしてネット民に応援される。これは、現実社会に公正さが欠けて、貧富の格差が広がり、中、下層の人たちの上昇の道が閉ざされている問題を反映していのである。特に、都市区画整理で発生する暴力的取り壊し、補償不十分不公平などの現象は、民衆にひどく憎まれている。それに対抗する者は、頑なに生存と発展を求める社会低層の精神的な寄託となり、チャンスがあれば、ネット上で爆発し、また現実空間に飛び火し、広範な震動を引き起こす。

　そのため、政府はネット輿情誘導と監督を適切に行う前に、まず、オフラインの実際の仕事を適切に行わなければならない。オフラインとオンラインの仕事を連動させるべきである。そうすれば、ネット輿情引導が効果的になる。ネット上においては、政府は、ネット輿情の追跡と分析を高度に重視し、ネット輿情分析と社会思想動向を把握する重要なチャンネルとみなすべきである。ネット上の思想の芽を注意し、傾向性のある思想の芽に対して、ネット論壇、オンライン取材などを通して、即時に対話と交流を行い、情緒を疎通し、輿情をリードする。オフラインでは、執政政党はネットユーザーの思想情緒から反映された実際問題を解決し、消極思想問題がもたらす不協和、不安定の要素を根本から打ち消す。

行動は言語に勝る。共産党と政府が実際に制定した具体的な措置、その努力と成果を、ネットを通じて速やかに民衆に伝えるべきである。実際の生活の中に、あれこれの問題が存在し、問題の解決には時間がかかり、一定のプロセスもある。社会性の問題の解決には、長い時間と一連の社会行動が必要である。それでも、政府が行動をしていて、その情報をネットで速やかに伝播すれば、民衆の情緒は和らげられる。これは、現在ネット興情誘導工作の重要な任務である。

四　責任と権力を明らかにし、うまく協調する

　ネット興情リーダーチームの各構成単位の職務と責任を明確にし、職能の交差と多重管理を避ける。同時に、各構成単位も切実に責任を負い、真面目にネット興情の特徴、規則と発展動向を研究し、海外の先進的な経験を参考にし、自身の職務能力を高める。情報産業管理部門は、ネット環境へのコントロール力を高め、先端のネット技術を追跡、研究・開発し、業界監督と情報コンテンツ観測を有機的に結合する。警察、公安部門は法律によって行政を行う意識を強め、ネットを世情民意を知る重要なチャンネルとして、目的をもって監督・管理する。宣伝興論部門は、ネット興情形成メカニズムの研究を強化し、ネット動向発見能力と興論誘導能力を高める。

　同時に、地方政府は、速やかにリーダーチームを設立し、ネット管理工作を統一的にリード、協調させる。インターネット管理に関係ある部門はすべてその下にあるとし、柔軟で有効な作業システムを作り、各部門間を協調させ、管理の合力を形成する。このリーダーグループはネット興情を含むインターネットの管理を行う以外に、インターネットの発展に伴って起きうる問題を研究し、対策を講じ、全体的な企画をし、技術的な突破のために人員を組織し、それをリードする。

　このほか、各レベルのリーダーチームの間の連携を強化し、全国的に張り巡らせる管理ネットを構築する。ネット上のグループ活動を監視し、応急能力を高める。地域に跨る興情連携処置警報メカニズムを作り、立体的な防御システムを構築し、問題を発見し、行動を共にし、ネガティブな影響が主流にならないように確保する。一

定の条件下で、全国統一のネット輿情安全監視監督機構を設置し、全国各地域、各部門のネット輿情安全監督管理作業の一致性と権威性を確保し、作業の協調性を高める。

第2節
ネット輿情を誘導し、プロの管理チームを建てる

一　政府の情報公布制度を建てる

デマは公開と透明性に打ち消される。2007年1月27日、温家宝首相が主宰する国務院の常務会議で、『中華人民共和国政府情報公開条例』が成立した。これは中国初の政府情報公開についての専門法規である。政府情報公開の範囲、主体、方式とプロセス、監督と保障などについて具体的に規定し、「公開が原則で、機密は例外」ということを政府に求めている。最大限に政府情報を公開し、民衆が関心を持ってることと民衆の切実な利益に関わる問題を情報公開の重点内容とし、市民の知る権力、参加権と監督権を保障し、行政プロセスの透明さを増やし、民衆が納得する法治政府、陽光政府を建設する。2008年5月1日に、この条例が正式に実施された。それ以降、情報公開は政府の法定義務となって、より多くの政府情報は公衆の視野に入った。

1　ニュース報道官制度

2003年初め、中央政府は、国務院ニュース事務局、中央各部門、各地方政府の三つのレベルで政府ニュース発布制度を打ち出した。これまで、国務院の74部門と29の地方政府はニュース発布制度を作り、各種のニュース発布を行ってきた。2012年に、中央各部門と各地方の記者会見は2237回となり、2005年の二倍よりも多い。

発展改革委員会の責任者が記者会見に出席した回数は、年に平均10回以上になり、国防省、教育部、商務部、衛生妊娠計画委員会など27の中央部門と一部の地方政府は、毎週、毎月、あるいは毎季節定時定点のニュース発布制度を作り、外務省は毎週5回の記者会見を行っている。これらの発布会は、密度が高く、時効性が強く、権威性が抜群で、民衆の知る権利を満足させている。

2 政府サイトも情報公開の重要な窓口となった

2013年9月2日に、中央紀律検査委員会と観察部のオフィシャルサイトが開通し、その「情報公開」の欄には、中央規律委員会、観察部の組織構造、および仕事のプロセスが列挙されている。これらは、はじめて公衆に披露された内容である。

政府情報公開の重要なプラットフォームとして、政府サイトは2002年から続々と建てられ、2008年末には、中央政府部門と地方政府は、政府ポータルサイトを建てた。2012年に、各政府サイトの更新比率は80％を超えている。府サイトは、すでに普及しているが、両極に分化する現象がある。一部は、インターネット技術を十分に利用し、新メディア発展の段階に突入し、ミニブログ、微信の政務プラットフォームも打ち出されている。しかし、大多数の下層政府サイトは、設備も管理も遅れており、政府情報公開に有効なプラットフォームを提供していない。

3 政府オフィシャルのミニブログ、微信の勃興

2010年より、ミニブログが勃興し、現在すでにニュース輿論と突発事件情報の重要なソースとなっている。インターネットの新技術によって、ミニブログは、伝播速度、広範性、便宜性とも、論壇、ブログとウェブサイトより優れており、ユーザー数が急速に増え、すぐさま輿論監督において最も影響力のある伝播プラットフォームとなった。2013年末に、新浪網、騰迅網、人民網、新華網のミニブログサイトはすでに、政務アカウントの数が二十五万に達し、2012年より46.1％増えた。共産党と政府機構のアカウント

数は十八万に達し、2012 年より 61.1％増えた。2013 年 9 月と 10 月に、国務院公報と中国政府網は、それぞれ購読（無料）アカウントとして微信に登場し、政府が情報公開効率を上げる重要な具現となった。

　ここ数年の発展で、より多くの政務部門が政務ミニブログ、微信など新メディアを積極的に利用し、政務情報を迅速に発布し、公衆との相互交流の新チャンネルの作りに熱心になった。政務ミニブログは、民衆が知る権力、参与権、言論権、監督権の重要なチャンネルとなっている。

　近年、中国の政府情報公開制度の発展が速く、政府サイト、オフィシャルミニブログ、ニュースメディアを通じて、政府活動の関連情報を知ることは、民衆が正しい判断を行う上で、重要な根拠と参考となった。しかし、具体的な実践の中では、中国政府の情報公開にまだまだ大きな発展空間がある。政府情報公開の程度は民衆の需要からまだ一定の距離がある。公開する情報の範囲も依然狭く、政府政策決定情報を得るチャンネルは依然細く、政府は、まだ絶対的な情報優位に立っている。したがって、政府情報公開制度の完備は、依然政府が直面している重要な時代的課題である。

二　専業のネット評論チームを建て、ネット・オピニオン・リーダーを育てる

　自発メディアの勃興に伴い、あらゆる人がマイクを持った記者になり得るようになった。ネット上、ユーザーが仮想の身分で随時随所、ミニブログ、微信、論壇などネットメディアを通じて、情報を発布し、意見を発表する。彼らは、伝統メディア時代の情報の受動的な受け手から情報の伝播者になっている。ネット上、異なる地域、異なる分野、異なる職業の情報伝播者が一堂に集まり、自分の興味愛好によって情報を発布し、社会現象に対して、個人見解を述べる。身分の隠匿性、名前の虚偽性、道徳束縛の欠乏などが、ネット上言論の混乱をもたらしている。その中には、理性的で建設的な観点もあれば、非理性的で、個人の不平不満をぶちまけているだけのものもある。ネット検閲者の弱体化は、さらにデマ、虚偽情報の横行を

もたらし、ネット環境を汚した。

　夥しいネット情報は、人々により多くの選択肢を与えているかに見えるが、本質的には、人々の選択と判断力への未曾有の試練を与えた。人々は何を基準に選択と判断を行うか知らないかもしれない。また、情報の氾濫は、検閲者が情報濾過と情報コントロールによって輿情を誘導する能力を弱めている。

　観点と思想の並存と衝突は、民主政治の重要な現れである。しかし、観点が、交わりと衝突した時、必ず閃きが生じ、社会政治文明と法治文明の進歩を促す。しかし、ネガティブで過激な観点が社会輿論場の絶対的な優位性を占めてしまったら、社会の安定と発展にとって、極大の脅威と災難であるに違いない。

　輿論誘導の仕事をこなし、イデオロギーの重要な陣地を占領し、それを絶えず拡大し、ネット評論の機能を発揮し、ネット評論をもって社会輿論を積極的に誘導することが重要で必要である。

1　ネット上のオピニオンリーダーを育てる

　伝播学理論によると、大衆伝播において情報と輿論は直接大衆に流れるのではなく、オピニオンリーダーを通過することになっている。オピニオンリーダーは、情報伝達と人々の相互作用の中で数少ない影響力と活動力のある人を指す。彼らは選挙によって選ばれる者でもなければ、名声をもつ人でもないかもしれない。

　中国インターネット情報センターの最新報告によると、中国ネットユーザーの主体は30歳以下の若者で、全体の68.6％を占めている。学歴から見ると、中卒と高卒は合わせて39％を占めている。ネットユーザーの年齢と学歴は一般に低いことがわかる。伝播学の説得理論によると、学歴の低い人は、他人の影響を受けやすく、説得されやすいことになっている。ネットユーザーの頭の中では、ネットオピニオンリーダーは、人としての主体性と利益無関係性によって信頼に値する。伝統メディアの輿論エリートに比べて、彼らのネット言論はより客観的で、民衆の切実な利益を代弁している。従って、彼らは公衆への影響力はより強く、人心を得ている。

インターネット時代では、あらゆる人が発言権を持っていると言えども、あらゆる人が影響力をもつのではない。ネット発言の敷居が低く、ネット言論の価値も低く取られることがある。したがって、ネット興論を有効に管理するためには、ネット興論のオピニオンリーダーを育てる必要がある。

これらのオピニオンリーダーは身分が異なるので、強い流動性と隠蔽性があり、その言論は必ずしも公正ではなく、ネット興論と現状の乖離をもたらすことが多い。したがって、ネット興論誘導の実践において、業務に精通し、知識が広く、正義に満ちて、情熱のあるオピニオンリーダーのチームを意識的に作り、彼らの見識ある発言をページの突出した場所に配置し、あるいは個人言論のコラムに集約し、主流言論を強化し、非主流言論を孤立化させるべきである。

2 理屈と根拠をもって、興論の高峰を占領し、興論動向を誘導する

ネットユーザーの文化素養と道徳素質に差があり、不法情報、暴力情報、無駄情報、反動情報がネット上に恣意的に流れている。ネット上のオピニオンリーダーとして、ネット評論員は、各種の方式を積極的に取り入れて、ネット興情動向管理の責任を果たし、ネット空間を浄化せねばならない。客観的な事実をもって、みんなの議論に影響を与え、社会興論の高所を占領し、社会興論の動向を左右するのである。ネット評論員は、国内外のホットスポットを考慮して、ネットユーザーが注目しているニュース、観点を綿密に選択して、提供し、興論誘導を有利に運び、不適切で、違法な記事、社会の安定に不利な記事、品位の低い記事を削除すべきである。特に、突発事件の応対において、ネット評論員は、巧妙なネット技術をもって、掌握している権威性のある情報を利用し、適時に事実関係を明らかにし、政府の観点を発表し、社会興論を誘導し、事態の炎上を防止する。日常的には、ネット評論員は、ネット上のホットスポットを密に追跡し、評論し、定時定量に重要な評論性文章を発表し、清潔で友好的な興論環境空間を作る。また、ネットユーザーに念を押して、道徳規範への尊重と自律の向上を促し、低俗情報、反動情報、デマを断たねばならない。

三　専門の技術人材を導入し、ネット輿情管理のブレインを作る

　民意調査は輿論の方向と大きさを図る重要な指標である。その結果は政府の政策決定の参考となる。各国は、みな専門的な機構をもって民意を調査し、公衆の特定政策や事件に対する態度と価値観を確定する。ネット輿情は、すでに民意の標識になっている。ネット輿情観測と分析は、夥しいネット情報を閲覧、捜索することを必要とする。その中には、ネットニュース報道、関連評論、ミニブログ、微信、ネット論壇などを含む。これらの情報から突発事件と関連ある輿情情報を抽出し、その時間と空間における分布を分析し、各種の手段とチャンネルで正しい輿情方向へ誘導する。

　輿情監視・予測の重心は、内容分析と比較分析である。一番手の材料の掌握が極めて重要である。ネット情報の大多数は、加工されて二次資料であり、専門家による情報分析と選択が必要である。中国で、輿情情報に関わる仕事に従事している人は、伝統的な新聞記者などが多く、彼らは、ニュース伝播学、社会学、法学、経済学、管理学とコンピュータの教育背景を持つが、輿情分析専門教育を受けたプロ級の人材は欠乏している。特にデータ分析を行う人材が不足している。現在、中国の輿情観測手段は比較的に遅れている。多くの輿情情報はネット管理員か情報安全人員の簡単な手作業によって監視・予測されている。これらの方式は明らかにネット輿情監視・予測分析に適していない。したがって、プロ組織と人員によって、部門共通の高効率のネット輿情監視・予測システムを作る必要がまずある。自動情報採取と人的関与を結合した方式で、重点的に注目しているネットコミュニティ、論壇、BBS、ブログ、ミニブログなどに対して情報を収集し、特に地元の論壇などネットユーザーが活発なところを観測しなければならない。

　次に、ネット輿情監視・予測の専門的な技術人材を導入し、監視・予測チームの構造最適化を行い、ネット輿情観測管理の効率を上げる。同時に、現在のネット輿情観測管理人員のトレーニングを強化し、現行チームのレベルを上げるべきである。

第**3**節

主流ネットメディアの建設を強化し、ネットにおける強い声を形成する

一 ネットメディアの社会公信力を高める

　メディアの信頼性は、メディアの影響力を測る根本的な標準である。ネットメディアの信頼性は、最も価値ある内在品質で、市場競争に勝つ決定的な要素である。

　近年、ネットメディアと伝統メディアが平行に発展し、絶えず大きくなり、伝統メディアの一方的な伝播モデルを打破し、随時随所ニュース報道を提供し、迅速さと直観性をもって民衆の歓迎を受けている。しかし、ネット伝播は、一連のネガティブな作用も避けられない。例えば虚偽ニュースの氾濫、悪意のある宣伝、プライバシー侵害、有害情報の伝播などが、ネットメディアの公信力を損ない、中国ネットメディアの前進を阻害している。

　2009 年、北京師範大学の調査によると、北京メディアの公信力については、テレビ、新聞、ラジオがそれぞれ前三位を占め、ネットメディアが合格ラインに達したばかりで、四位を占めている。ネットメディアの検閲者の欠乏と、伝播主体の専門素質の低さと外部監督メカニズムの欠乏が、ネットメディア公信力向上の障害になっている。2013 年 12 月 13 日、国家インターネット情報弁公室は、北京で座談会を主宰し、ネットニュース伝播秩序を規範することを研究し、「ネットメディアの公信力向上」について、対策を講じた。

1 ニュースの内容から着手

　真実性はニュースの生命であり、ニュースの前提と基礎である。ネットメディアは、信頼性向上のために、まず、真実性という根本から着手する。ニュース報道のすべての具体的記事も、客観的な真実と一致しなければならない。すべてのニュース要素が、検証に耐

えられなければならない。ネット時代、ミニブログを代表とする社会化メディアは、記者が情報を得る重要なチャンネルとなっている。しかし、注意すべきは、記者はネット上でニュースのネタを得た後、先を争って発表する前に、調査と検証を行わなければならない。特に突発事件の報道に対して、厳しくチェックしなければならない。真実性、科学性と客観性を放棄してはいけない。

2 輿論を正しく誘導する理念を堅持する

高度文明で、健康安定で、良性で秩序ある発展をしている、調和のとれた社会を構築するために、全社会共同の努力が必要である。輿論宣伝分野では、ネットメディアがすでに脇役から主役への転身を完成し、主流メディアの重要な構成部分となって、人々の生活に重要な地位を占め、人々の生活の隅々に影響するようになった。ネットメディアは社会主義の核心的価値体系を積極的に宣伝し、輿論を正しく誘導することを堅持すべきである。

3 輿論誘導を強化し、正面からの輿論強勢を形成する

ネット技術の発展により、ネットユーザーの自意識が強化され、ネットメディアは情報のプラットフォームのみならず、観点の集散地にもなっている。多くの突発事件、腐敗現象、黒幕ニュースはネット上に暴露されると、各種の観点の衝突がやって来る。特に重点的なニュースサイトは、伝播の媒体だけではなく、政府と人民の目と耳と口である。社会輿論機構は、正しい輿論誘導の方向を確立しなければならない。繁雑な輿論形式に対して、サイトの編集者は、頭脳明晰、理論整然でなければならない。評論陣地を十分に利用し、積極的にネット輿論誘導を展開し、正面からの輿論強勢を形成すべきである。

4 業界規範の建設を促し、ニュース業者の職業道徳を高める

今日ニュースを発布し、明日訂正を行う、というようなやり方では、メディアの信頼性を失墜させる。情報量の多さ、相互作用の便利さはネットニュースの優位性であるが、虚偽情報をもたらしやすくなっている。最速の修正、撤回をもってしても、悪い社会影響をもみ消すことができない。したがって、ネットメディアは業界規範

と業界管理を自ら強化しなければならない。ネットニュースの発信
には、科学的で厳密の審査制度と作業フロー規範を作り、ニュース
価値によって判定尺度と操作要求を確定する。情報発布と監視、コ
ントロールにおいて、サイトの編集者と管理員は、ニュースのソー
スを厳しくチェックし、虚偽ニュースの発生確率をなるべく低く抑
えねばならない。

二　ネット輿情を誘導する力を強める

　インターネットと携帯電話などモバイルメディアの出現と発展に
伴い、伝統的なメディアの受け手は、ますますインターネットを重
要な情報源とするようになってきた。受け手の意識の中では、伝統
メディアが発信する情報は共産党と政府の立場を代表し、ネット上
の情報こそ、民衆の意見の有効な集合である。従って、突発事件の
発生時、中央の重点的なニュースサイトと商業ポータルサイトは、
欠席せず、失語せず、野次馬にならず、過激にならず、正しい解読
をし、事態を積極的な方向へ推し進めなければならない。インター
ネット輿論誘導を行えば、伝統メディア離れをして、ネットとモバ
イルメディアに移行中の民衆に影響し、輿論誘導の対象範囲を広げ、
輿論誘導の手段を多様化させることだできる。

　ネット輿情動向の正しさを確保するために、国が資金面と政策面
で一連のネットサイトを補助している。たとえば、人民網、新華網、
南方網、千龍網、東方網などである。これらのサイトは、以下の特
徴をもつ。一、アクセス件数が高い。二、広告収入が高い。三、影
響力と権威性をもつ。四、受け手は社会の主流である。しかも、受
け手に高く評価されている。しかし、主流メディアに比べると、ま
だ成長期にあるネットメディアは商業利益に駆られ安く、その公信
力は疑われている。それがネットメディアの社会輿論誘導能力を弱
めている。日増しに複雑化している輿論生態環境下で、発言権の争
奪は、速さの競争だけではなく、解釈権の争奪でもある。新しい輿
論情勢下、主流メディアは議題を主導的に設置し、丹念に計画し、
それを公衆議論のホットスポットにし、社会輿論を有効に誘導し、

公衆情緒と交流し、主流メディアの解読の機能を発揮せねばならない。このほか、官製のニュースサイトは、ニュース報道資質のある大型商業ポータルサイトと連携して、科学理論を宣伝し、先進的な文化を伝播し、美しい心と社会風潮を高揚させる責任を果たすべきである。

三 ネットメディアと伝統メディアの連携作業

ネット技術が核分裂反応のように高速発展し、メディア業界の構造と輿論生態に重大な変化をもたらした。ネットは思想文化情報の集散地と社会輿論の増幅器であり、ネット輿情は社会変革を影響する重要な力となり、ネットは政府が民意を洞察する重要な窓口となって、官民疎通に欠かせない橋である。各種新しいネット技術によって、より多くの人は、携帯電話などモバイル端末で情報を得るように慣れて、新興メディアの話題設置力と輿論影響力がますます強くなりつつある。伝統メディアは輿論誘導において挑戦を受けている。

1999年までは、伝統メディアとネットメディアの話題は必ずしも相関しない。1999年5月に人民網が『強国論壇』を開設し、伝統メディアとネットメディアの接点ができた。2003年に、伝統メディアとネットメディアはより親密な連携を始めた。

2003年4月25日、『南方都市報』が「孫志剛事件」を報道し、その後大量のネットメディアに転載され、ネット上で浩大な輿論を引き起こし、逆に伝統メディアに圧力をかけて、最終的には法律の撤廃と修正にたどり着いた。いろいろな現実的な原因によって、伝統メディアとネットメディアの着目点に、時々大きな差が生じる。二つの輿論場がカバーし合うことなく、各自で自分の話を進めるということは、社会輿論の動向に不利な影響を与える。

伝統メディアであろうと、ネットメディアであろうと、みな、社会の情報ツールであり、しかも、社会の輿論ツールでもあり、民意を表現することによって民衆に認められることになっている。

伝統メディアもネットメディアも同類の内容を報道すると、共鳴効果、累積効果と遍在効果が得られる。優位性の「空気」ができた

ら、群集心理によって、民衆は空気に流される行動をとるようになる。したがって、ネットメディアと伝統メディアは、連携して、議事プロセスを設定し、民衆の注意力を特定の方向へ誘導し、民衆の認識を高め、輿情を正しく誘導する目的を達成せねばならない。

第4節
ネットユーザーの素質を高め、責任感のある大国のネットユーザーを育てる

ネットユーザーは輿情事件の発展を推し進める中で巨大な力をもっている。しかし、一部のネットユーザーが非理性的で、盲従しがちで、過激的であって、ネット輿情を間違った方向へと押して、ネット暴力を引き起こしたりする。ネットユーザーの素質を高め、責任ある大国のネットユーザーを育てることは、至極重要である。

一　ネットユーザーの素養教育を展開し、ネットユーザーの道徳教養を高める

ネットは新しい交流プラットフォームである。道徳の力をもってそれを規範し、誘導する必要がある。中国は３億のネットユーザーをもつ国で、ネットユーザーに適切な道徳の誘導をし、自国の文明と責任ある地位に合う大国ネットユーザーを育てることは、全社会の避けられない責務である。共産党と政府の関連部門は、積極的にネット道徳教育を展開し、人民の正しい価値感、道徳観と判断力を育て、責任の自覚を喚起し、固い道徳の防波堤を構築し、情報立法と良性に連携し、ネット空間を高度開放、かつ高度文明のネット社会にする必要がある。

まず、政府関連部門は、ネット規範を制定し、ネットユーザーに教養の向上と自律意識を促す。次に宣伝の中で、輿情の道徳評価を強化し、伝統メディアを使って、ネット情報の中の不道徳な現象を

非難し、輿論圧力を形成する。また、全社会において、道徳教育を強化し、道徳良心を形成し、文明的にネット行為を行うようにネットユーザーの自覚をたかめる。業界協会の機能も発揮し、輿情主体の自我意識を積極的に構築し、自分自身のネットメディアにおける地位を認識させ、ネット自律活動に積極的に参加さえ、ネットメディアの健康な発展とネット輿論影響力の向上に責任を果たさせる。

二　ネット実名制を実行し、ネットユーザーの責任意識を培う

　長年の発展により、韓国は、現在、立法、監督、管理、教育などの措置で、メール、論題、ブログ、乃至ネット動画、ゲームサイトなどを実名管理している。それに対して、中国はネット情報を規範するために、これまで打ち出した個人情報保護関連の法律、法規などのドキュメントは 200 部以上に達した。特に 2012 年 12 月、全国人民代表大会常務委員会が可決した『ネット情報保護の強化に関する決定』は、初めて実名制立法を提起した。しかし、実施の細則と不実行の場合の罰則についての規定はなかった。ネット実名制を施行するかどうか、如何に実行するかは、学界、業界、社会管理者、インターネット企業などの間でまだ統一された見解は形成されていない。ネットが急激に発展し、ネット暴力、ネットプライバシー侵害など極端な現象が頻発している今、如何に、ネット上の不良行為を抑え、情報を有効に管理するかは、ネットメディアの良性発展のプロセスにおいて解決しなければならないキーとなる問題である。実名制を実行するか否か、如何に実行するかは、難題である。

　このほか、ネット環境を浄化し、ネットのネガティブな影響を抑制し、無責任なぶちまけ、罵倒、中傷、デマの製造と散布、ネット詐欺、プライバシー散布、ポルノ、暴力の喧伝など不文明な行為を減少させなければならない。

三　立法宣伝を行い、ネットユーザの法律意識を高める

　中華人民共和国憲法第二章第三十五条の規定により、市民は、言

論、出版、集会、結社、デモ、示威の自由を有する。よっと、すべ
ての市民はインターネットを利用する権利と自由を持っている。そ
れと同時に、法律と秩序を遵守し、国家、社会と集団の利益を維持
しなければならない。一部のネットユーザーの行為は、基本的な法
律に違反している。彼らは、法律の存在を無視し、あるいは、自分
の違法行為に気づいていない。彼らは、群集心理の持ち主で、孤立
状態を避けるために、環境の中で支持を求める。国家は基本法律と
ネット立法の宣伝養育を強化し、ネットメディアとネットユーザー
に法律を知り、理解して、更に守って、不法行為と戦わってもらわ
なければならない。

第5節
ネット立法体系の完備

　ネット空間は国家の安全、社会の安定と民族の復興に関わる戦略
的な新高所になっている。全方位の国家ネット空間管理体系を構築
し、ネット立法を推進することは、急務である。

一　中国ネット立法の現状

　1994年にインターネットに接続して以来、20年間の間に、中国
インターネットの発展は日進月歩し、人々の生活方式と社会伝播の
構造に深刻な影響を与えている。それと同時に、中国インターネッ
ト法律体系も初歩的に建てられて、法律、行政法規と部門規則から
なる三階層の規範体系がインターネット空間の健康な発展を守って
いる。1994年2月に、中国初の情報ネット安全に関する行政法規『中
華人民共和国計算機情報システム安全保護条例』が打ち出された。
この条例は計算機情報システムの安全保護制度、完全監督と法律責
任に対して具体的な規定を行い、中国ネット立法の幕開けとなった。
現在までに、中国が打ち出したネット関連の法律、法規と規定は百

162

部あまりに上って、ネット安全、電子商取引、個人情報保護、および知的財産権などの分野をカバーしている。

専門的な法律として、2000 年 12 月 28 日に「インターネットの安全を守る決定』が全国人民代表大会常務委員会によって可決された。当該法律はネット権利侵害行為の民事責任を規定し、市民の個人情報を不法提供する犯罪などに対して、厳しい刑罰を設けた。

中国初の、本当の意味での情報化法律とされる『電子署名法』は、2004 年 8 月 28 日に可決された。電子署名は、伝統的な署名および捺印と同等の法的効力があるとされた。当該法律は、中国の電子商取引の発展に寄与した。電子商取引発展の障害の一つがそれによって取り外された。2012 年 12 月 28 日、全国人民代表大会常務委員会で『ネット情報保護に関する決定』が可決され、法律の形式で公民個人および法人の情報安全を保護し、ネット身分管理制度を確立し、ネットサービスプロバイダーの義務と責任を明確にし、政府管理部門に必要な監督手段を与え、中国ネット情報安全立法の遅れを解決しようとした。法規レベルのものとして、インターネットと直接関係あるのは、『中華人民共和国電信条例』、『インターネット情報サービス管理方法』、『情報ネット伝播権保護条例』、『インターネットアクセスサービス営業所管理条例』など十数部ある。インターネット生活に関係ある重要な部門規則は 20 を超え、主にネット情報サービス、視聴番組、ネットゲーム、ネット教育などの分野に対するものである。司法解釈の面では、2012 年まで、司法実践の急務を解決するため、最高人民裁判所と最高人民検察院は 18 件のネット関連司法解釈を発布した。その中、刑事類司法解釈は 10 件あって、全体の 56％を占めている。民事類司法解釈は 8 件あって、全体の44％を占めている。2013 年、最高人民裁判所と最高人民検察院は、4 件の司法解釈を行った。

この他、インターネット業界内部の自律条約もあった。たとえば、中国インターネット協会は 2001 年成立して以来、『中国インターネット業界自律公約』など多数の業界自律規範を発布した。その70 のメンバーは、ネット運営社、サービスプロバイダー、設備メーカ、システムプロバイダー、および研究機構、教育機構などであり、

それぞれネット空間の健康な発展に積極的な役割を果たした。

　新浪ミニブログは、細かいネットコミュニティ公約体系を打ち出し、国家の法律法規に従って、絶えず調整している。

　ネット言論の管理についての法律は、主に以下のものである。

　1997年5月20日発布の『中華人民共和国計算機情報インターネット接続管理暫定規定』は、インターネット接続に従事する法人と個人は、国家法律と行政法規を遵守し、安全機密制度を厳格に実行し、インターネットを利用して国家の安全を害したり、国家機密を漏えいすることなく、社会治安を妨害する情報とポルノを製作、検索、閲覧、複製、伝播してはいけないと規定している。

　1997年12月国務院情報化作業リーダーチームが可決した中華人民共和国計算機情報ネット、インターネット管理暫定規定実施方法は、「ユーザーがネットで悪意のある情報を散布してはならず、他人の名義を盗用して、情報を発したり、他人のプライバシーを侵害してはならない」と規定している。

　1997年12月30日公安部が発表した『計算機情報ネットワークインターネット接続安全保護管理方法』も、中国初のBBS管理に関する条文を含んでいる。この方法によると、インターネットに接続している法人は、ユーザー登録と情報管理制度を建てなければならない。いかなる法人も個人もインターネットを利用して、国家安全に危害をしてはならない。国家機密を漏えいしてはならない。国家、社会、集団、市民の合法権益を侵してはならない。犯罪に従事してはならない。インターネットを利用して、以下のような情報を製作、複製、閲覧、伝播してはならない。1、憲法と法律、行政法規への抗いと破壊を扇動するもの。2、国家政権と社会主義の転覆を扇動するもの。3、国家分裂を扇動し、国家の統一を破壊するもの。4、民族間の恨み、民族差別、民族団結を破壊するもの。5、事実を捏造、もしくは歪曲し、デマを散布し、社会秩序を乱すもの。6、迷信、猥褻、エロ、賭博、暴力、凶悪、恐怖を宣伝し、犯罪を唆すもの。7、他人への誹謗中傷。8、国家機関の名誉を損なうもの。9、その他憲法、法律、行政法規に違反するもの。2000年9月20日に発布された『中華人民共和国電信条例』が、再び、上記九項の禁止

164

を規定している。2000年10月8日、産業情報省は、『インターネット電子公告サービス管理規定』を発布し、まず、電子公告サービスの範囲を明確に定めた。すなわち、インターネット上において、電子布告タグ、電子ホワイトボード、電子論壇、ネットチャットルーム、書き込みなどのインタラクティブな方式でネットユーザーに情報を提供する行為である。そのような電子公告サービスを展開する場合に、電信管理部門に申請、登録しなければならない。その条件も規定されている。2000年11月6日に打ち出された『インターネットサイトのニュース転載業務に関する暫定規定』によると、ネットサイトが国外のニュースサイトにリンクし、国外のニュースメディアとサイトの発布するニュースを登載する場合、国務院ニュース弁公室に批准が必要となっている。ニュースに関する管理は、中国では厳しい。2000年12月28日、『インターネット安全維持に関する規定』が全国人民代表大会常務委員会によって可決され、デマをまくもの、誹謗中傷をするもの、その他有害情報を伝播するもの、国家政権の転覆を扇動するもの、社会主義制度の転覆を扇動するもの、国家の分裂を扇動するもの、他人の商業名誉を傷つけるもの、他人を侮辱するものなどに対して、犯罪となった場合、刑法にしたがって刑事責任を追及するとなっている。

二　インターネット立法と法律の執行の苦境

　上記部門規定とその他規範性のドキュメントは中国インターネット法律体系と内容を充実させ、インターネット分野によるべき法律が不在する状況を変えた。しかし、インターネット技術が日進月歩し、インターネット立法と法律の執行は、依然困難な挑戦に面している。

　1　全体のシステムが遅れて、レベルが低い　中国で、ネット輿論に関する法律法規はいくつか発布されているが、内容は必ずしも整っていない。絶えず現れる新しい問題に対応しきれていない。例えば、インターネットコンテンツの更改可能性が、ネット輿情管理に困難をもたらしている。ネット法律システムの全体構成からみると、現行の法律、行政法規、司法解釈、部門規定、その他規範性ドキュ

メントは 172 部ある。規範性ドキュメントが大半を占め、核心的な
ドキュメントが欠乏している。それが中国ネット法律法規システム
のレベルの低さを表している。規定の制定において、部門自身のこ
としか念頭になく、他部門への効力が欠けて、内容の矛盾、重複な
どが多い。

2　管理の混乱　中国でインターネットを直接、もしくは間接管
理する部門は 20 に及ぶ。たとえば、共産党中央宣伝部、中央外宣弁、
中央文明弁公室、国務院ニュース弁公室、情報産業省、公安部、文
化省、新聞出版放送局、通信管理局、中国電信などなどである。そ
れらは各々繁雑な法規と制度を打ち出して、重複が多く、混乱を来
している。この他、統一と調和がなくて、同一行為に対して、複数
の行政主体が処罰を行い、処罰のレベルも異なる。また、申請登録
なども複数の部門にて行うことになり、難題となる。

3　操作性問題　多くの規範ドキュメント、たとえば、『インター
ネットの安全維持に関する決定』など、指導と宣伝にすぎない。『電
子署名法』などは、電子署名と伝統の署名と同等の意味があるとし
たが、それに相応する司法解釈がなく、実際操作性が悪い。

三　ネット立法体系の完備

　法律によってネットを治めるのは国際的な共通認識である。社会
制度、経済的実力、ネット発展の前後に関わらず、各国は、情報ネッ
ト秩序の法治、本国の主権と社会的価値観の維持においては一致し
ている。ネット立法はインターネットの健康で持続可能な発展の前
提である。法律は、国家管理体系の近代化を促進する。インターネッ
トがこのような急速な発展を遂げたのも、法治が重要な役割を果た
したからである。インターネットが経済と社会に深刻な影響をもた
らしていると同時に、人民の生活と国家安全に対する脅威も日に増
して突出している。ネット自身の自主性、仮想化と開放性によって、
いかなる人も随時随所インターネットに入ったり出たりすることが
できる。これがネット空間の秩序と安全にとって挑戦となる。ネッ
ト空間秩序の安定は、制度によって調整、規定されている。仮想環

境の中の行為は、健全な法律によって制限されなければならない。

　ネット立法は時代の要求である。社会主義法律体系の完備に必要である。社会の発展はかならず法治の基礎の上に建てられている。情報ネットの全社会への深刻な影響は、必ず従来の法律体系に衝撃を与え、挑戦を叩きつける。ネット立法を加速し、健全な法律体系を建てることは、ネットの健康な発展の保障である。

　ネット立法は輿論誘導の重要な根拠ともなる。プロセス正義とは、法律制度の運営、操作、手続き、方式など諸方面における合理性と公正さをいう。いかなる法的決定も正当なプロセスによって行われるべきである。インターネットは、情報伝達の媒体であると同時に、新型のニュースメディアである。したがって、行政権を合理的に調整し、その能動作用を発揮しながらも、その消極的な影響をコントロールすることが、現代行政法治の中心任務である。ネット輿論誘導が市民の言論自由への制限とならないように、政府は誘導する時に、現行の法律規則によって、法的なプロセスに従わなければならない。そうでないと、法的プロセス上の瑕疵が行政行為の無効と撤回をもたらしかねない。したがってネット輿論誘導は慎重に行われるべきである。法律規則と法的プロセスを厳格に制定し、市民の憲法上の権利を守らなければならない。

1　ネット技術と密接に連携をとる

　ネットコントロールの規範がネット技術の発展から取り残された時、その執行が困難になる。法律規範が空中の楼閣にならないように、立法者は法律を制定する時に、ネット技術の発展を強く意識しないといけない。ネットの特徴に合う法律法規のみが、ネット輿情管理、ネット輿情の健康な発展の目的を達成できるからである。また、インターネット発展の規則を把握し、業界の自律、市場メカニズムなどを含む法治の原理を取り入れ、ネットの健康な発展を引導し、有効なネット管理システムを構築すべきである。

2　ネット立法のコンパティビリティ

　ネット法律は、ネット犯罪を厳罰するのみならず、ネットユー

ザーの合法的な権利を守らなければならない。したがって、中国のネット立法は、ネットユーザーの常軌を逸していない行為に関与せず、ただ、反政府、反社会的なネット違法行為に対しては、厳しく処罰する。ネット立法は自らの体系となるが、既存の法律と法規から逸脱してはならない。法律体系全体の完全性と協調性を保持すべきである。インターネットのグローバル化は、ネット法律体系のグローバル化を決定している。中国のネット立法は、積極的に国際社会と連携し、国内法規と国際ルールのコンパティビリティを強化すべきである。したがって、ネット立法の国際動向を十分に研究し、各国の経験を借りて、中国ネット立法と国際ルールの結合を促進し、中国ネットの調和のとれた発展を確保する。

3 ネット基本法の制定を推進する

現在中国にいろいろなネット関連の法律、法規、条例および司法解釈が打ち出されているが、ネット版「憲法」たる基本法が欠けている。ゆえに法律の執行に支障を来している。したがって、ネット法律体系構築の指導的な思想と立法企画が込められているネット基本法の制定を推進しなければならない。

4 法律救済と保障

市民の人身、財産と基本的な政治権利、経済、社会、文化権利を保護することこそ、法治の中心である。したがって、ネット立法は、各種の権利の保護を強化すべきである。共産党の第十八会大会が、法治体系の建設を要求した。その前提は、一つだけの法律システムである。インターネットにおいて、法治の前提も、一つの比較的に完備したネット法律システムである。中国は絶えず努力している。全国人民代表大会が『ネット安全法』、『電子商取引法』と『未成年ネット保護条例』を起草した。『インターネットニュースサービス管理規定』も修正され、もうすぐ更新される。今後5から7年で、比較的完全なインターネット法律体系が形成され、ネット法治化プロセスが加速されることになるであろう。

第 7 章

輿情管理の運営システム

第1節
輿情管理機構の体系

　20世紀最も精巧な発明の一つとしてのインターネットは、すでに社会輿論の発祥になって、人々の生活方式を大きく変えた。2014年末時点で中国ネットユーザーの数がすでに6億を超え、インターネット普及率が47.9％に達した。モバイルネットユーザーの規模も5億を超え、年成長率は19.1％である。インターネットはすでに思想文化情報の集散地と社会輿論の増幅器になっている。ネット輿情は社会変革に影響を与える重要なソフトパワーである。公衆権利意識、表現意識と個性意識の増強に伴い、より多くの公衆は各種のメディアを通じて自己表現するようになっている。このような背景下、輿情は爆発的に増え、大量の輿情は政府とその部門に矛先を向けて、政府に対する包囲体制をとっている。公衆の共産党と政府に対する態度、意見、見方、および公衆の公共社会事件に対する認知を把握するために、国も輿情を収集、観測、予報、フィードバックシステムの秩序化と制度化をますます重視するようになった。

一　組織機構の設立

1　中央から地方までの輿情機構体系の形成

　2004年6月、共産党中央宣伝部に輿情情報局が設立され、各種の宣伝思想工作システムを利用して、全国的な輿情情報収集、分析、報告などの仕事を専門的に展開するようになった。其の後、一部の地方レベルの宣伝部門も輿情情報署、科、室もしくはセンターなどを設立した。共産党の宣伝部門以外に、例えば国務院配下の教育省、公安部、ニュース弁公室なども自分なりの輿情情報収集と報告体系を建てた。一部の地方は専門職員を配置して、毎日ネット上の各種の情報を収集させていた。中央宣伝部輿情情報局の主な仕事は以下である。

（1）全国輿情工作を指導する

　　毎年三、四月、中央宣伝部輿情情報工作会議が異なる都市で開かれ、前年度の輿情情報工作の成果が公布され、輿情情報工作発展の経験と規則が系統的に縮められる。会議は、各地の輿情情報責任部門と幹部に情勢の認識と仕事の展開を要求する。会議に参加する者は各地方の共産党委員会宣伝部の輿情情報工作責任者と、中央の責任者と、中央宣伝部の輿情情報報告受付の要員である。2012年の会議では、中央宣伝部副部長翟衛華は近年輿情情報工作の発展を分析し、輿情工作の地位と作用が一層突出したと指摘し、各レベルの幹部に重視を呼びかけた。全国宣伝部長会議の要求に従って、さらに視野を広げ、規則を把握し、重点を抑え、創造、革新を行い、反応速度を速め、分析を深化し、対策を実用化し、輿情情報工作の一層のレベルアップを実現する。輿情分析意識を強化し、重点分析を把握し、分析方法を掌握し、輿情総合分析能力を高める。社会思想状況の全体把握と傾向性を即時に反映する。ネット輿情情報とネット新技術業態の発展状況の収集を強化する。輿情情報ネットワーク部門は終始責任を高度に重視しなければならない。分類指導を強化し、仕事の特色を突出させる。機構建設を加速させ、インフラ保障を強化する。インセンティブのメカニズムを完備し、質を重視する。勉強を強化し、チームの素質を高める、輿情情報工作に有力な保障を提供する。歴代の会議で、全国輿情情報工作先進部門、優秀情報員と良き情報が受賞された。受賞証明書が授与された。2014年3月27日の山西太原会議では、全国55部門と先進部門で表彰された。湖南省宣伝部、秦皇島海港区宣伝部、長沙市宣伝部、紅網などが受賞者に含まれていた。その内、秦皇島海港区宣伝部は七回目の受賞であった。

（2）下部組織を視察し、仕事を指導する

　　共産党中央宣伝部輿情情報局の幹部は、下部組織を視察して、仕事を指導する。2013年11月18日、中央宣伝部輿情情報局副局長孫瑜一行が四川省宜賓市に行って、当市の輿情情

報とネット新メディアの仕事を調査研究した。宜賓市ネット興情センターで、一行は興情工作制度と資料を真面目にチェックし、興情情報収集、整理などの問題を尋問し、興情情報工作について、現場で工作要員と交流した。

（3）国家興情情報工作の理論建設に着力する

国家興情の最高管理機構として、中央宣伝部興情情報局は、日常に実務工作の指導を強化するほか、興論、興情分野の理論建設を非常に重視している。たとえば、興情理論分析を主な仕事とする天津社会科学院と提携し、興情理論の著作を共同出版したりする。2004 年、中央宣伝部と当科学院が合作して『興情情報収集分析メカニズム研究』を出版した。このほか、中央宣伝部興情情報局は、専門家と実務家を組織して、『興情情報工作概論』、『ネット興情情報工作工作理論と実務』、『党の先進性建設と執政能力建設の強化』、『人を元にすることを堅持』といった書籍を打ち出した。これらの書籍は、興情機構と興情工作員にレベルの高い理論指導を提供した。

2 インターネット情報観測を強化するため、管理機構が続々と成立した

（1）国家インターネット情報弁公室

2011 年 5 月、国家インターネット情報弁公室が正式に成立した。国務院の通知によると、国家インターネット情報弁公室は、国務院ニュース弁公室に属する。時の主任は国務院ニュース弁公室主任王晨氏で、現在の主任は中央宣伝部副部長の魯氏である。

国家インターネット情報弁公室の主な職務は、インターネット伝播方針政策を着地させ、インターネット情報伝播の法治を推進し、関連部門のインターネット情報内容管理の強化を指導、調整、督促し、ネットニュース業務およびその他の関連業務の審査・批准と日常監督を行い、ネットゲーム、ネット視聴、ネット出版などの業務の布石を指導し、ネット文化の建設企画と実施工作を指導し、重点ニュースサイトの企画建設を行い、ネッ

ト上の宣伝工作を組織、調整し、法律によって違法サイトを摘発し、電信運営企業、接続サービスプロバイダー、域名登録管理とサービス機構などの仕事を督促し、各地のインターネット事業を指導する。

(2) 中央ネット安全と情報化リーダーチーム

2013年8月19日、習近平総書記は、全国宣伝思想工作会議で、インターネットがすでに輿論闘争の主戦場になり、ネット輿論工作が宣伝部門の仕事の重心であると指摘した。2014年2月、中央ネット安全と情報化リーダーチームが成立し、習近平総書記が自らチーフを、李克強首相と劉雲山氏が副チーフを担当した。表明上、これは1990年代設立の国家情報化リーダーチームの体制を踏襲したように見えるが、実際重大な変化がなされた。まず、新設の中央ネット安全と情報化リーダーチームは、すでに国家レベルの組織ではなく、党中央の高層機構になっている。次に、チーフは政府トップの首相ではなく、党の総書記となっている。総理がチーフだと、軍、人民代表大会などとの調整が難しいかもしれない。しかし、党の総書記がチーフになっていると、この弊害を回避できる。第三に、このチームは、単なる情報化リーダーチームではなく、ネット安全をより突出した地位に置いている。

新設の中央ネット安全と情報化リーダーチームは、国家の安全と長期的な発展に着目し、経済、政治、文化、社会および軍事の各分野のネット安全と情報化の重大問題を統一的に調整し、ネット安全と情報化発展の戦略、マクロ企画と重大政策を研究、制定し、国家のネット安全と情報化法治建設を推進し、安全保障能力を強化する。

3 共産党中央規律委員会に宣伝部を再編し、輿情処を設置する

2014年はじめ、中央紀律委が内部組織再編を行い、元宣伝室を基礎に、宣伝部を設立し、その下に、弁公室、ニュース処、宣伝処、

文化処と輿情処の五つの処を置いた。その内、輿情処は党の清廉を反腐敗闘争関連の情報の収集、研究、判断を担当する。ネット動向、民衆の声に注目し、社会の関心に速やかに対応する。

二　科学的で有効な奨励制度を確立

　輿情情報工作員は輿情情報工作の主体であり、その仕事の態度は、輿情報告の質と量に直接かかわる。現在、中央から地方まで、各レベルの党委員会と政府は、すでに初歩的な輿情工作員評価と奨励メカニズムを作った。評価は、主に工作員が報告した情報の採用量を基準にしている。甘粛省宣伝部は、研究の末、2005 年 11 月に、輿情情報評価奨励方法を打ち出し、輿情情報工作の制度化、規範化を促進した。その後、各地方も輿情工作の評価、奨励メカニズムを作り、一連の優秀な工作員を表彰した。近年、中央と地方機構は、低層の民衆の動向を把握するために、輿情直接報告基地を設置し、直接報告者を置いた。毎年の輿情情報工作会議では、これらの機構と個人は、仕事の成果により優秀部門と個人に表彰されたりする。しかし、正式な機構の枠組みにあらず、かつ経費が欠乏しており、長期的な奨励メカニズムではないので、直接報告基地と直接報告者に長期的な情熱が見られない。下層輿情情報工作員の職務懈怠があり、輿情情報が速やかに上まで報告されない現象がある。したがって、科学的で、長期的な奨励メカニズムの完備が必要である。

三　低層の輿情情報機構と人員の育成を強化

　輿情機構の下層部、特に、農村部、工場、鉱山、田舎町などの構築は重要である。下層部で仕事をする人間の経費と正式職員の地位を確保するために、現行の統計局調査隊、新聞機構の記者、下層部の宣伝工作員とかと統合することが考えられる。農村、工場、鉱山をカバーできる輿情工作基地を構築し、経費と人員を保障し、専門の輿情工作員を招聘すべきである。それと同時に、輿情工作機構と人員体系を完備し、下層部の輿情が迅速に上の政策決定者の視野の中に入ることを保証すべきである。定期と不定期で、輿情情報工作

員に研修をして、職務能力を向上させてもらうべきである。

四　応急組織のシステム、輿情リーダーグループ

　輿情リーダーチームは輿情機構のリーダーと応急組織体系である。以下、浙江省岱山県を例にとって輿情機構の応急組織体系を説明する。岱山県政府は突発公共事件応急リーダーチームを設立し、県の突発公共事件の最高傑作機構とした。チーフは県知事で、副チーフは民生、安全生産、衛生、公安各分野担当の副知事が担い、メンバーは関連部門の責任者である。県応急リーダーチーム成立後、一連のドキュメントを打ち出し、専門の人員を配置して、毎日ネット上の各種の情報を集めてもらう。全県七つの町および県公安局、文化放送局、教育局などに 17 の輿情直接報告ステーションを設置し、情報収集員を置く。これらの情報収集員のために、勉強会と交流会を開催し、輿情収集方式の革新と改善を強化する。また、2014 年 8 月 2 日午前 7 時 37 分ごろに、江蘇省昆山市開発区の金属製品会社で粉塵爆発事件が発生し、死者 75 人、負傷者 185 人を出してしまった。事故後、習近平総書記と李克強総理はそれぞれ指示を出し、国務委員王勇氏が党中央と国務院を代表し、国務院工作チームを率いて、緊急に現地入りし、応急救援、善後処理および事故調査の仕事を展開した。

五　職位の責任を明確にする

1　日常輿情観測

（1）各メンバー部門はネット閲覧、評価の仕事を着実に行い、専門職を設け、ネット輿情の日常観測とコントロールをし、定時的に国内外の輿情情報を得逸乱視、輿情動向を密接に注視する。

（2）ネット輿情観測、監視は、重点サイトの監視と全ネットの観測と結合して行う。一定規模と影響力のある情報集散地と観点集散地を重点的に監視する。本地域、本部門に関係あるネット情報を常に監視し、当面の重点的仕事と社会的なホッ

トスポットを特に留意し、重点を突出させ、他も兼ねてみる。

2　日常輿情の研究、判断、警告

(1) 日常監視の基礎の上で、ネット輿情の最新動向と発展趨勢を分析、研究、判断し、予測性を高める。

(2) 輿情観測プロセスで本部門の責務と関係ある傾向性問題を発見した場合、プロセスに従って、速やかに上に報告する。

3　重大政策発表後の輿情に対する予測

重大政策発表時、政策の策定部門は、輿情応対と引導を同時に手配し、統一的に段取りをつける。政策発表後の輿論反応、発展趨勢と可能な結果を予測し、対策を用意しておく。

4　突発公共事件警戒

公共事件が突発した後、関連メンバー部門は、本部門業務に関係ある輿情の分析を行い、現実的な危機になり得る動向とその規模を判断し、予備方案を制定して、上に報告する。

第2節
輿情管理の条例体系

一　輿情表現メカニズムの建設を強化

鄧小平氏曰く、制度の問題は根本性、全局性、安定性と長期性を帯びている。社会政治の民主化に伴い、中国は、完全な人民代表大会制度、政治協商制度および共産党指導下の多党提携制度など基本的な表現制度の枠組みを建てた。それと同時に、司法制度、陳情制度などを整えつつある。下層部の民主、社会団体、ニュースメディア、ネット表現など多様化した社会表現方式を開拓している。政治化、法治化輿情表現を強化すると同時に、民主の現代政治意識の育

成を重視し、民衆に国家社会の管理に参加させ、自己表現の主体意識と能力を増強させ、間接的な政治表現、直接的な法治表現、社会化な自我表現を主体に輿情表現メカニズムを逐次作りつつある。

1　間接的の政治表現メカニズム

（1）人民代表大会制度（衆議院に相当する）

　　新中国建国当時、憲法を制定し、中国が人民民主専制の社会主義国家であり、人民が国家主権の所有者であり、人民代表大会制度が根本的な政治制度であると規定した。人民代表大会は中国の最高権力機構である。各レベルの人民代表大会とその常務委員は人民によって選出され、人民に対して責任を負い、人民の監督を受ける。全国と地方各レベルの人民代表大会の代表は選挙民の監督を受ける。各レベルの人民代表大会とその常務委員会は民主選挙によって生成するので、人民の利益を代表して国家事務、政治文化事業、社会公共事務に参加し、政府、裁判所と検察院の仕事を監督することになっている。毎年開催される人民代表大会で、各レベルの人民代表が、議案、批判、意見などの提出によって、彼らが集めた世情民意を政府政策決定機関に反映し、政府の科学的な政策決定に情報と根拠を提供し、民心、民意に沿う政策を決定してもらう。これで、民衆の参政権が実現されている。中国現行の政治制度下では、人民代表大会制度は、もっとも重要な民意表現制度、民意を反映、統合する主要なチャンネルである。

　　中国民主化の絶えぬ進歩により、人民代表大会制度は、民意反映と統合における機能も、整いつつある。全国人民代表大会常務委員会および各専門委員会、国務院、および関連部門は、人民代表の意見をまじめに対処することを通じて、民衆の利益に直接かかわる現実問題を解決し、人民代表と人民の関係を密接化した。しかしながら、人民代表大会制度は民意表現と統合のチャンネルとしての機能をまだ十分発揮していない。以下の原因が考えられる。

第一、人民代表に人民の利益と意志を反映する能力が欠けている。人民代表はフルタイムの仕事ではなく、人民代表たちは普段それぞれの職業に従事している。普通の民衆との交流が足りない。必ずしも群衆の意見を把握し、大会に反映できるとは限らない。また、一部の代表は政治参与の能力が欠乏している。業界別の比例代表として選ばれたエリート、たとえば、芸能人などはそうである。

　第二、中国の憲法は、人民代表大会制度に高い政治的地位と権威を付与しているが、実際には、そんな権威性がなく、その輿情表現能力もそれほどではない。

　第三、人民代表大会制度によって輿情を収集、反映する各プロセスのつながりが必ずしもよくできていない。人民代表は専門職ではなく、群衆の意見を十分理解できるとは限らず、民衆の意見を集めても、如何にフィードバックするのかについてわからない人もいる。これらは輿情表現の効率を下げている。

人民代表が責任を積極的に負い、みずから群衆の生活に近づき、群衆に耳を傾けさえすれば、彼らの作成する決議に群衆の意思が反映されるようになる。

（2）人民政治協商会議制度（参議院に相当する）

　中国共産党がリードする多党提携の政治協商会議制度は、中国の基本的な政治制度の一つである。中国の民主政治の重要な形式である。人民政治協商会議の職能は、政治を協商し、国政を監督し、政治に参加し、政治を議論することである。各党派、団体、民族、業界のエリートが国家と地方の政治方針および経済、文化、社会生活の重要な問題について、協商する。国家憲法、法律、法規の実施、重大政策の執行、国家公務員の仕事ぶりなどに対して、意見と批判を通じて、監督する。政治、経済、文化と社会生活の重要な問題および民衆が関心している問題に対して、調査研究を行い、合理的な意見を提出し、世情民意を反映し、政策の失敗を回避し、政府政策決定の合理化、科学化と民主化を確保する。しかしながら、民衆の切実な利益と密接にかかわる下層部の協商は比較的に希薄で、下層政治協商の制度化

レベルがまだ低い。相応するメカニズムを整えることが急務である。政治協商会議制度は、人民代表大会制度および政府を補完し、中国民主政治の中で取って変えられない役割を果たしている。その役割がますます重要になりつつある。政治協商会議による輿情表現も増強されるであろう。

二 輿情収集、分析メカニズムの建設を強化

輿情情報は各レベルの共産党委員会と宣伝部門が社会動向を了解し、情勢と任務を分析し、仕事の全局を把握し、科学的な政策決定を行う根拠である。各機関の幹部は、下層部と密接に連絡し、群衆を宥め、イデオロギーのリード権と主導権を握り、社会安定を切実に維持すべきである。社会輿情収集と分析メカニズムは、共産党の執政能力を強化する要求の一つである。第十六回共産党全国大会は、そのメカニズムを作ることを打ち出した。その内容は以下になる。

(1) 群衆とコンタクトをとる制度の健全化
(2) 群衆の陳情を受け付けるメカニズムの健全化
(3) インターネット、携帯電話など新メディアからの情報の収集と分析を強化する
(4) 民意表現のルートを多様に作る
(5) 専門機構のサンプル抽出設計によって、公衆の社会態度を調査する
(6) 警報制度を建てる

1 輿情収集と分析メカニズムの定義と内容

輿情収集と分析メカニズムとは、共産党と国家の政策決定にとって重要な輿情情報とその発生、変動、結束と残留などの規則を、直接もしくは間接的に輿情情報工作に従事する機構と個人の各種の収集手段によって、統計学など科学的な方法で、収集、加工、分析、方向、フィードバックなどを行う仕組みである。具体的には、輿情情報収集と分析の大きなメカニズムの下に以下の関連仕事法とメカニズムがある。

（1）輿情情報収集メカニズム

人員を組織し、情報収集ネットワークを構築し、収集の基準を定め、科学的方法で、輿情情報を収集することである。輿情情報の収集は輿情情報の質に直接かかわる。したがってい、以下の面に注意すべきである。

第一、輿情情報収集の重点内容を確定する。

第二、直属、関連、および提携機構の専門職、兼職人員を組織して、縦横無尽のネットワークを構築する。

第三、輿情情報取集作業の各種の制度を制定する。責任を明確にする。

第四、サンプリング調査法、観察、訪問、電話調査、ネット調査、科学的かつ、規範化した方法で情報を収集する。輿情情報分析は、正しい理論を指針に、科学的な方法で行われるべきである。多くの輿情情報の中で鑑定、選別、帰納し、輿情情報の内容と価値を深く掘り下げて、政策決定者に方向性のある対策意見を提供する。具体的には、輿情分析メカニズムは以下の部分を含む。

第一、輿論誘導の正しい方向を堅持し、全局性、科学性、操作可能性と予測性のある分析を行う。

第二、政治素養が高く、ネット操作技術に精通し、ネット言語、ネット伝播の特徴と規則を熟知している情報分析チームを保有すべきである。

第三、情報加工と処理において、科学的な分析方法を使う。状況によって、定性法と定量法を、客観法と主観法を、ミクロ法とマクロ法を、帰納法と演繹法を結合して分析を行う。

第四、輿情情報鑑別、選別、整理、抽出の分析作業フローを作り、それを整える。

第五、輿情情報分析日常管理制度、重大で突発の輿情情報に対する緊急分析処理制度、輿情情報分析中の文字規範と重大輿情研究判断会議制度など各種の制度を作る。

（2）輿情情報報告メカニズム

輿情情報の内容、性質などによって、規範の方向プロセスと方法にしたがって、情報の疎通を保証するメカニズムである。

その目的は、民衆の声を聴き、民衆の智慧を広く取り入れ、上の政策決定者に参考情報を迅速に提供することである。報告の内容は、ホットな事件、段階的な分析、予測、フィードバックなどであり、報告方式は書面、電子、口頭、機密などである。報告する情報は、全面性原則、精確性原則、即時性原則、焦点原則、簡潔性原則に従うべきである。報告は各種の規則と行動規範に沿うべきである。

（3）輿情情報フィードバックメカニズム

輿情情報フィードバックメカニズムは、党委、政府が輿情情報に対する処理を速やかに群衆にフィードバックし、問題をなるべく早く解決し、群衆の指示を獲得するメカニズムである。

（4）輿情情報工作の保障と奨励メカニズム

財政支持を提供し、行政責任制を作り、各種の競争を展開し、賞罰を実施する仕事法である。具体的には、以下の内容を含む。

第一、メカニズムの制度化、長期化、有効性と操作可能性を確保する。

第二、組織保障を強化し、ネットワークシステムを整え、多種多様の激励方式を採用し、素質の高い情報収集と分析チームを育てる。

第三、輿情情報工作の規範化と制度化を保障するために、各種の規範性ドキュメントを作り、情報報告採用状況通報制度、ネット輿情合同会議制度、ネット部門自助制度など保障、激励制度を建てる。

第四、関連の競争、評価制度を建て、リーダーの責任を明確にする。

2　輿情情報収集と分析メカニズムの基本要素

輿情情報収集と分析メカニズムの基本要素は、サービス対象、操作主体、基本モジュール、制度規範、主要方法を含む。

（1）サービス対象

サービス対象は共産党と政府の政策決定者である。権力を有

する個人もしくは集団、機構、組織である。これらの機構は、輿情サービスの対象であると同時に、上級政策決定者にとっての輿情情報工作員でもある。これらの部門の人員は、えてして自ら輿情情報の収集、分析と報告に参加している。サービス対象を明確にすれば、輿情情報工作の目的もおのずからと分かる。

インターネットの高速な発展と激しい業務競争によって、国内外の企業、社会組織団体もネット輿情を重視するようになった。国の政策、業界の動向、競争相手の情報を了解することは、企業の実力の重要な体現である。したがって、輿情情報収集と分析メカニズムのサービス範囲も、次第に各業界に拡張しつつある。

（2）操作主体

輿情情報収集、分析、報告およびフィードバックを担う機構と人員のことである。二つの部分からなる。一は、専門機構と人員である。二は、周辺の協力機構と人員であり、人民代表大会、政治協商会議、計画部門、統計部門、ニュースメディア、科学研究部門とその人員などがそうである。かれらの機能は、直接、もしくは間接的に輿情情報の収集、分析作業に参加し、専門機構をサポートすることである。社会構造の変化と新しい伝播手段の出現に伴い、カバー範囲が広い操作主体を確保することが急務となっている。情報ネットワーク部門を農村、企業、学校、コミュニティ、新興グループ、新興組織、新興メディア、科学研究部門、国外の輿情部門などに延伸すべきである。

（3）基本モジュール

輿情情報収集と分析メカニズムの正常な運営には、収集、分析、報告、フィードバック、保障と激励という六つのモジュールが欠かせない。この六つのモジュールが密接に連動する場合のみ、全体の輿情収集と分析メカニズムが効果を発揮する。まずは、情報収集モジュールである。情報収集の重点と方向を確認し、文献検索、調査研究収集など科学的方法で相応の資料を取得し、初歩的な検査、確認を行う。次は分析メカニズムである。集められた輿情情報を濾過、加工、処理し、内容と質によって精錬し、昇華させる。それから原則とプロセスの要求によっ

て情報を伝達する。フィードバックはサービス対象からの反応によって、情報の収集、分析、報告を修正することである。保障と激励は、メカニズム全体を活性化し、その良性運営を保証するキーである。

(4) 制度規範

輿情工作の突発性、特殊性、複雑性などの特徴によって、輿情収集と分析メカニズムの制度規範建設が、その有効運営にとって重大な意味をもつ。現在すでに確立された目標管理制度、情報開発報告制度、ネット部門報告情報時限規定、情報フィードバック制度、試験評価奨励制度などを基礎に、さらに社会輿情合同会議制度、ネット輿情分析合同会議制度などを整え、また、輿情研究員制度を十分に利用し、情報要点通報制度、情報連絡会制度、情報予約とフィードバック制度、情報調査研究制度、重大輿情分析制度、輿情分析報告制度、情報成果転換メカニズムなどを着地させる。

(5) 主要方法

輿情情報収集と分析において、アンケート調査法、個別案件研究法、電話取材法、ネットアンケート調査法などが使用される。これらの方法はそれぞれ利点と弊害があり、補完して使えば、輿情情報の全面性と客観性が増す。

3　輿情情報収集と分析メカニズムの要求

(1) 多層型の輿情情報ネットワークを建てる

敏感で効率が高いことが、社会輿情収集と分析メカニズムの重要な運営原則である。輿情情報の速さ、精確さと全面性は、輿情情報工作に対する要求である。これには、あらゆる分野をカバーし、完全なネットワークが必要となる。このネットワークは、縦横無尽の多層型でなければならない。情報は下から上へ、上から下へ、横から横へと、効率よく伝わる。

(2) 輿情情報工作員の育成を強化

輿情工作員は輿情情報工作の主体である。彼らの姿勢、政治

素養、メディア素養、精神風貌が輿情の質と量に直接関わる。近年、一連の輿情機構の設立に伴い、専門的に輿情収集、分析、研究、判断に従事する人材プールがすでに形成され、輿情工作の中堅となっている。而して、インターネットは日進月歩して発展を遂げている。ミニブログ、微信、論壇、ブログなどの自発メディアが勢いよく登場している。これが輿情情報工作員にとって厳しい挑戦である。工作員は、大局意識、洞察力、調査研究能力、調整力、文章力を有しないといけない。日常の仕事の中で、絶えず勉強して、政治敏感度、理性的思考力、分析判断能力、現代情報技術を駆使する技術力などを高めるべきである。輿情工作の主管部門として、中央、地方の党委員会と政府輿情工作部門は、輿情情報工作会議、輿情研修班、メディア対応研究会など多種多様な形式で輿情工作員をトレーニングし、その輿情収集力、分析力、研究判断力を高めるとよい。先進的な技術プラットフォームがあっても、結局輿情情報工作は、実践性、操作性、予見性の強い仕事である。輿情情報工作員は、常に実地で調査研究し、現実の生活から問題を発見し、群衆の言動からその訴えを理解しなければならない。

（3）輿情情報工作メカニズム作り

　　輿情情報の収集と分析は、有効な工作メカニズムが欠かせない。2004 年 6 月、共産党中央宣伝部輿情情報局が正式に発足した。其の後、各地の党と政府部門が相次いで輿情情報工作の専門機構を設置し、中国の輿情情報工作ネットワークが、中央から地方へと延伸しつつある。インターネットメディアの勃興に伴い、ネット輿情が爆発的に増えた。それに対して、効率よい、科学的な輿情収集・分析メカニズムを整えることは、非常に重要な仕事で、党と政府の政策決定に関わり、社会の安定と繁栄に欠かせない。社会輿情収集と分析メカニズム作りは、制度化と規範化の上で、各種の輿情情報ネットワークを利用し、即時に各種の輿情情報を集め、情報の加工処理を通じて、最終的には、組織的に、系統的に、党と国家の政策決定者に提供することである。輿情工作に対する統率と管理を強化すべきである。

各レベルの党と政府部門は、その責任を取らないといけない。各情報ネットワーク部門の特徴を生かすために、柔軟に指導し、調整する。科学的に有効な奨励メカニズムを作るべきである。

(4) 全面的に、即時に、各種の社会輿情を収集

　社会輿情には、顕著なものと隠蔽しているものがあり、主流と支流がある。従って、顕在の社会輿情を収集すると同時に、潜在的な社会輿情にもっと注意すべきである。主流の社会輿情も支流の社会輿情も収集すべきである。原始的な社会輿情を収集すると同時に、伝来の社会輿情にも注意を払うべきである。社会の安定、民族の団結、市場の秩序などに影響のある社会輿情、デマ、不良な社会情緒、反動的な社会思潮、各レベルの党と政府の幹部の思想状況、国家管理、社会進歩、経済発展に関する建設的な意見、などなど、すべて輿情情報収集、報告の範囲内である。

　輿情情報工作の一つの重要な目標は、党と政府の政策決定にサービスし、その科学的、民主的施政能力の向上をサポートすることである。現代の情報社会で、輿情情報は各レベルの共産党組織が仕事をする上での重要な根拠と基礎になっている。したがって、即時に、精確に、全面的に輿論騒動を引き起こし得る情報を関連部門に報告し、政府に警報を鳴らすことは、重要な価値がある。輿情情報の収集は、即時に、速やかに行うべきである。実行性が高い仕事である。また、反映する問題が精確でないといけない。確実で、実話、実情を言わないといけない。報告の内容は全面的でないといけない。喜ばしいことも、憂うべきことも、隠してはいけない。分析は、深くなければならない。狙いを定めていなければならない。特に、他のチャンネルでは得られにくい社会輿情を十分重視すべきである。

(5) 新しい輿情調査方法の創出

　輿情情報収集と分析メカニズムの運営は、唯物論弁証法の指導と比較的に成熟した研究方法のサポートに頼っている。輿情情報工作は、厳密な研究学科であり、輿情分析も科学的な方法を採らなければならない。インターネット技術の発展に伴

い、調査方法も絶えず革新され、計算機補助電話調査システム（CATI）と各種の輿情分析技術プラットフォームは、輿情収集と調査分析において広く応用されている。輿情調査は、調査研究の一種で、専門性が高く、狙いを定めた輿情収集の規則的な仕事であり、直接、総合、定量化と予測性の特徴を以て、社会環境の観測、政策の科学的実施、法律執行レベルの向上などの重要な根拠と基本的な手段とする。収集作業において、全面的、弁証法的、客観的に事実を反映し、非行政的で、学術的な、民間研究組織からの輿情研究成果を吸収、統合し、輿情調査研究方法の近代化技術建設を重視すべきである。

　輿情情報の収集と分析工作は、共産党がその執政能力を客観規則の上に建てることを助け、党に、科学的な理論と科学的な制度と方法で執政することを促す効果がある。輿情情報の収集と分析作業は、人民の意思と願望の表現チャンネルを疎通する重要なチャンネルでもあり、共産党内部の民主主義の重要なチャンネルでもある。人民のための執政、人民に頼る執政を促している。党と政府は、政策決定において、輿情情報を採用し、民意を重視し、民意を取り入れ、民主主義の形式を豊かにする。これは中国文化伝統の中の民本論に対する継承と発展でもある。輿情情報収集と分析メカニズムを作ることによって、民衆の意見を十分に表現させ、民衆と国家管理者との間の交流を疎通し、民衆の訴え、意見、見方の伝播がより便利になり、国家管理者が法によって速やかに、合理的に群衆が反映した問題を解決することが可能になる。

三　輿情レスポンスメカニズムの建設を強化

　応答は、近代民主主義発展の産物であり、民主政府の基本的義務である。早く 1997 年に、共産党の第十五回大会の報告は、民主政治と法治の実行を明確に規定し、民衆の意思、智慧、実情を基礎とする政策決定体制を建てることを要求し、公衆の政治参加と政府のレスポンスメカニズムを起動した。其の後の第十六回大会は、更に

政府の政策決定体制の改革と完備を行政改革の重心とした。第十七回大会の報告は、更に社会主義民主を拡大し、人民の権益と社会の公正、公民政治参与の秩序ある拡大を明確に打ち出した。報告は、多方面で一連の新政を提出し、民主制度を整え、民主の形式を豊かにし、民主のチャンネルを広げ、人民の知る権利、参与権、表現権と監督権を十分に保障することを目的にした。政府がレスポンスメカニズムを強化することの重要性と緊迫性を十分に認識したことの現れであった。現在のネット輿情の高まる現実背景下で、ネット輿情の正義の声と言論暴力に対して、いかに政府の応答を行い、レスポンスメカニズムを整え、調和のとれた、秩序ある、民主的で自由なネット環境を作るかは、政府管理業務の重要な部分となっている。

1 輿情レスポンスメカニズムの定義と内容

レスポンスは、政府から公衆の要求に対する反応である。政府応答の主な形式は公共政策である。公共政策は、政治システムが社会に対する権威の輸出である。応答は、政治分野から社会分野への応答である。輿情レスポンスは、政府が公共管理において、公衆の需要と公衆が提出した問題に対して、積極的に、敏感に反応するプロセスである。各レベルの政府が、各種の社会問題と民衆の需要に積極的に対応することである。政府に解決不能な問題なら、適切な解釈を行うべきである。政府の応答は、公共管理の実践プロセスで、政府管理理論と行政理念の延伸でもある。責任政府という角度から見ると、輿情応答は政府の社会責任、政治責任、行政責任と法律責任の総合的な反映である。責任ある政府は、社会民衆の需要に応答し、積極的措置をとって、公正に、有効に公衆の利益を実現しないといけない。政府の責任は、すなわち、政府の社会応答である。

広義的な政府レスポンスは、責任政府の体現である。政府がその行政管理範囲内のあらゆる行政行為に対して責任を負う。政府レスポンスは、政治責任、社会責任と法律責任の集合体である。狭義的な政府レスポンスは、政府が自身の行政職能に基づいて、公共管理プロセスにおいて公衆の需要と問題に対して積極的に応答するプロ

セスであり、各種の事件や問題に対する応答と普通の職能的な回答を含む。輿情レスポンスメカニズムとは、公共管理において、政府が自身の行政職能に基づき、輿情が反映した公衆の需要と問題に対して積極的に対応し、社会公衆と良好に応対していることを保証するために施した一連の制度と政策設計である。

2　輿情レスポンスメカニズムの重要な意義

（1）社会主義的調和のとれた社会を構築するために不可欠

①　政治統治秩序の維持に利して、社会の調和を促す

　　階級社会では、政府管理の第一の目的は政治秩序を保ち、統治階級の利益を守ることである。政府のネット輿情に対する積極的なレスポンスも例外ではない。秩序は自由の前提である。秩序がなければ、自由はありえない。サミュエル・ハンティントン氏曰く、第一の問題は自由ではなく、合法的な公共秩序を建てることである。政府の権威がなければ、国家と離心した知識人や、強情な軍人、騒ぎ好きな学生らに振り回せることになる。政府のネット輿情に対する積極的な応答は、ネット輿情衝突を政治秩序の中に抑えて、輿論の政権に対する浸食を食い止めるためである。同時に、政府の積極的なレスポンスを通じて、公衆が権力に対する認可を強め、政治権威を高め、政治統治の合法性基礎を提供する。社会生活の中で、輿論差別の存在が常態である。しかし、輿論衝突は社会矛盾の先鋭化の表現で、大規模輿論衝突はえてして社会変革、動乱の前兆である。したがって、ネット輿情が反映する社会衝突に対して、積極的に有効な応答をすることは、輿論の調和を維持するため、必要不可欠である。

②　発言権のバランスの維持に有利

　　社会の中で、発言の発生は一定のプログラムにコントロールされ、選択され、組織され、再分配されている。これらのプログラムの機能は、発言の力と危険を消すことである。発言はすなわち権力である。発言と権力の結合は、実際に発言覇権を表す。

階級社会において、統治階級の意思に沿う発言のみが、文化市場への入場と流通を許される。権力センターと集権管理モデルをとる政府は、主流メディアの発言権をコントロールすることによって国家管理とコントロールの目的を達成しようとする。政府が政治安定を脅かす情報を封鎖し、法律、国有資源ないし強制措置を利用して、主流メディアをコントロールし、濾過した情報を発布し、オフィシャルなイデオロギーと統一輿論を形成させる。ネットの急速な発展に伴い、いかなる人もネットで痛快に発言することができるようになり、発言権が再分配され、権力センターと集権管理の構造および個体の発言力との間に衝突が起き、秩序の再建はネット民主の一大進歩である。

③ **非理性的な輿論の抑制に有利**

ネットはオープン型の公共輿論通路として、伝統メディアの輿論に対するコントロールと独占を打破し、伝播の授受双方がより自由で平等になった。ネット上では、人々は自由に言論を発表し、社会各方面の願望、意見、要求と呼び声が十分反映されることになる。しかし、中には、過ち、衝動、および各種の無責任な言論がネット上にあふれている。ネット無政府主義とも言われている。ネット輿論は、えてして情熱が有り余って、理性不足ということになり、多数による暴力がしばし起きる。政府かネット輿情を正しく判断し、理性的で積極的に対応して、正しくない輿論、非理性的な輿論を正しい軌道に誘導すべきである。

(2) 輿情レスポンスメカニズムが民主政府建設の中での意義

インターネットの普及は社会各階層に発言するチャンスを与えた。よって、インターネットがもっとも民主的な場とも言われている。人類史上初の伝播権利の普及とまで言われている。ネット輿情は公民の政治参与能力とチャンスを高め、言論自由を実現し、公衆の知る権利と接近権を実現し、社会の民主化を促進した。ネット輿情は民主政府建設の中での意義は主に以下に現れる。

① **ネット輿情レスポンスは平等な交流と政治公開を促進**

ネット民主時代、あらゆる人の政治参与チャンスは均等であ

第7章 輿情管理の運営システム

る。平民であろうと、国家元首であろうと、言論を発表し、討論に参加することができる。縦横無尽の電子訪問は、厳格な階層等級観念を打破し、平民がネットを通じて国家指導者に接触することが可能になっている。片田舎の群衆も大都会の群衆と同じように豊富なネット資源を享受し、自由平等な思想交流を行うことが可能になった。この分散型の特性はピラミッド型構造の一元情報センターの集中コントロールを克服し、多元的政策決定センターをサポートする。ネット上交流されているのは情報と思想であり、身分と地位を問わないのである。ネット交流はネットユーザーの身分、地位、財産、容姿などに影響されず、純粋な思想言論交流となる。積極的なケット輿情レスポンスは、民衆と政府の平等な交流と疎通を促し、民主政府政治がより公開する。

② **ネット輿情伝播は情報独占を打破**

伝統的な代議員民主制では、情報は官員に独占され、上層部のみが、全局的な情報を握り、下層と民衆は、ただ新聞、ラジオ、テレビなどの情報伝播チャンネルに頼って局部の有限な情報しか得られない。その場合、民衆は政治に参与するための情報基礎を持たない。インターネットは縦横無尽の分散型構造を有している。いかなる人もネット上情報を発布でき、コントロールが困難である。これが過去にあった政府官員の情報封鎖と独占を打破し、情報を公開化させた。ネット上、情報は光速で伝播し、インターネットの設計原理によって封鎖しにくく、情報の多元伝播、言論自由の新たな局面を呈している。伝播コストが大幅に低下し、財力が乏しい組織と個人でも、ネットを通じてその思想を伝播する能力を有することができる。伝統メディアによるコントロールが弱体化された。ネット民主は、伝統的な一方通行的な情報処理と伝播方式の局限を克服した。

③ **ネット輿情観測が全社会の監督になる**

社会監督が本当に機能するには、政府部門が多数の意思、願望と主張を精確に把握する必要がある。ネット民主において、単一個体の意思表現がもしネット社会の普遍的な認可を受け

れば、急速に上昇して、社会グループの共同意志になり得る。その意志はネット環境で長く生存し、強い影響力を発揮する。逆に個体の意志がネット社会で反響を引き起こせなかったら、ネット情報の更新によって迅速に消えることになる。強大なネット情報フローの中で旺盛な生命力を保つ観点のみが普遍的な支持を受ける。ネット輿情の観測によって、政府部門は多数の意志、願望と主張を精確に把握し、社会ネットスポットの動向を判断することができる。ネットの絶えぬ発展に伴い、ネット輿情観測は最も代表的な全社会監督になり、積極的な輿情レスポンスメカニズムによって、この種の相互関係が良い方向へと発展することになる。

3　ネット輿情レスポンスメカニズムの経路分析を整える

（1）従うべき基本原則

　　民主政府と調和社会の構築において、科学的で、合理的なネット輿情レスポンスメカニズムの形成は、従来の伝統メディアに対する掌握理念も堅持しつつ、民衆の政治参加、政治議論のチャンネルとも交流することを行わなければならない。具体的には、以下の原則がある。

①　即時原則

　　ネット輿情発生後、即時に応答すべきである。真っ先に情報発布をすると、輿論の先手をとり、デマの伝播を回避し、主導権を握ることになる。そうでないと、政府部門は予測不能な受動的な境地に陥る。ネット輿情はネットで力を蓄えている時、ネットユーザーはホットな事件と問題をかなり知っており、各自の観点を持ちながらも、疑問と疑惑を持っている。もし、すぐに精確で権威のある情報を得られなければ、推測しかできず、疑惑、恐怖が広がり、非理性的な行動に繋がって、政府に大きな圧力を与えることになりかねない。ネット輿情発生後、たしかに調査の過程が必要であるが、やはり、真っ先に声を発すべきである。そうすることによって、政府の姿勢を示し、問題解

決の承諾をし、民衆を安心さえる。

② **重点原則**

ネット輿情レスポンスの一つの重要な原則は、重点を突出させることである。焦点となっていることに注目し、深く研究し、積極的に応答し、政府部門の権威を樹立し、公共管理秩序を守る。ネット輿情の調査研究サマリーによると、ホットな問題は以下を含む。

・個別官員の違法行為、例えば汚職、腐敗問題
・公安、検察、都市管理部門の法律執行問題
・政府部門、中央国有企業に関する問題
・衣食住など全国的な民生問題
・社会分配、貧富の格差問題
・国家利益と民族の自尊心に関する問題
・敏感な突発事件
・影響力のある著名人の事件

政府部門の応答は、これら全国的に影響力のある問題に焦点を当てるべきである。社会意義を持たない小さなことに注意力をとらわれないようにする。民衆が関心している問題、民衆が解決を望んでいる問題に力を集中すれば、政府が公衆利益を守り、人民に全身全霊でサービスしているイメージができる。

③ **誠実原則**

誠実で打ち解ける態度が、危機解決の良い策略である。ネガティブな報道に対して、誠実に対応する必要がある。一定の度量も必要である。近年政府官員がメディアに不満を持ち、裁判沙汰になったケースがある。勝訴しても、政府の失点になりかねない。ネット輿情のネガティブな報道に正しく対処できないことが、現在政府部門の輿情危機処理の弱みである。政府は、記者やメディアに対して、強い立場にある。一旦対立になれば、公衆の感情が弱者に傾けやすい。メディアは社会の公共利益と主流価値を代表し、民意を載せるロジックで運営している。その報道に多少ずれがあっても、言論の自由、民主の知る権利を満足させる、合理的な質疑権など考え方と制度によって庇護さ

れている。ネット輿情のネガティブな報道は、必ずしもネガティブな影響を及ぼすとは限らない。キーは如何に対処するかである。妥当に処理すれば、政府にとって民を愛するイメージを作るいい機会になるかもしれない。

④ 第三者原則

　　ネット輿情危機発生後、権威性のある第三者にサポートしてもらうことが非常に重要である。公衆が求めているのは真実と公平である。輿情危機と直接な関係のない第三者チームと個人の話は、えてして、真実と公平と感じられやすい。近年中国のケースを見ると、事件発生後、ネットユーザー代表と記者など民間人が組成する第三者の力によって、真相がやっと天下に知れ渡った。したがって、信任危機が発生した場合、第三者の声が重要になる。

⑤ 柔軟な誘導と外在の規制を結合させる原則

　　実践の中で、政府や個別の官員のイメージを損なうネット輿情に対して、暴力的な強制手段で封じ込める政府が少なくない。それによって民衆が政府に対する不満情緒が高まり、政府と民衆の関係が険悪になり、社会の安定が損なわれることになる。したがって、柔軟な誘導が重要である。政府は、積極的で、成熟した、合法的な態度で、自分に不利な言論に対応し、暴力ではなく、寛容をもって政府の良好なイメージを樹立し、民衆と政府との間の相互信頼を促進し、良性な関係を形成させる。言論の自由を尊重した上で、人身攻撃などに対して規制をし、文明的で秩序のあるネット表現環境を構築する。

（2）ネット輿情レスポンスの作動メカニズム

ネット輿情応対には以下の作動メカニズムの構築と完備が必要である。

① ネットデマの検測とコントロールメカニズム

　　有効なネットでもアラームと防御メカニズムを作り、デマ発生の初期段階でそれを科学的に分析し、防御措置をとり、社会に対する不良な影響を最低限に削減することが特に重要である。

② 情報公開と誘導メカニズム

各レベルの政府は、ネット輿情に敏感に反応し、輿情処理能力を高め、掌握した輿情情報から社会公衆の需要を迅速に割り出し、科学的に適切な応答戦略を制定する。最も重要なのは、公共事件発生の初期に、有効に、広範に関連情報を集め、社会の中の不確定事件に対して、政府主導の情報発布を以て、真っ先に主動的に公衆に全部の事実関係を発布し、公衆の信任を得る。情報発布は多種多様の新メディアの力を利用し、社会恐怖を最短時間内で解消できる。

③　問題追跡と解決メカニズム

　ネットデマを抑え込むことも大事であるが、実際問題を確実に解決することによってデモを根本的に解消することができる。特にネット輿情が反映する公共事件の中で、政府が積極的に、迅速に、有効な措置をとって、民衆に応答すれば、民衆の信心を増やし、政府の威信を高め、社会公共安全と秩序を守ることができる。

(3) ネット輿情レスポンスメカニズムを整える対策と意見

①　介入の限度と境界を把握し、ネット輿情に適度に応答する

　ネット輿情は社会輿情がインターネット空間での投影であり、社会輿情の直接的な反映である。それはネット群衆が社会のいろいろな現象と問題に対して表現した信念、態度、意見と情緒の複合体である。それには民主主義を促進する面と秩序を壊す面があり、両刃の剣である。一方では、市民意識を促し、民主主義を開拓する啓蒙的な意義がある。ネットは第四のメディアとも呼ばれ、民衆が国家の政治生活に参加し、政治願望を表現するもっとも便宜で直接なプラットフォームになっている。ネットを借りて、普通の民衆は国家の路線、政策、方針および政府の日常業務に対して自分の意見と方策を述べることができる。これは民主主義の幅と深さを拡大している。しかしながら、一方では、ネットは、管理の届かない、過激で不当な公共空間を作りがちで、公共秩序の乱れと多数による暴力を引き起こしかねない。したがって、ネット輿情に関与する限度と境界を精確に把握し、人民の知る権利、参与権、表現権、監督権

を補償すると同時に、ネット空間の調和と社会秩序を保持しなければならない。

② **実際問題の解決を重視し、虚偽輿情の生存空間を徹底的に排除**

虚偽輿情の発生は、現実に存在する問題からである。したがって、虚偽輿情の伝播に対する処罰より、実際問題の解決こそ、取り組むべき主要任務である。実際問題が合理的に解決されれば、虚偽輿情はおのずからと破綻する。虚偽輿情を引き起こした実際問題をまず追跡、調査、研究し、問題のルーツを確定して、即時に正すべきである。もし、それをせずに、ただ社会安定のためにと、ネット輿論と報道の規制に走ると、病因ではなく病症にだけ目をとらわれると同じように愚かで、結局公衆が政府に対する信頼を損なってしまうことになる。

③ **ネット輿情監視システムを構築し、予測して警報をならす**

ネット伝播の情報監視権を掌握し、技術管理を強化し、ネット輿情を調整し、輿情監視とアラームメカニズムを作ることは、社会輿論の内容を調和し、輿論動向をコントロールし、ネット社会の有害情報の侵害を防ぎ、政府と公衆の間の良性的な交流を実現することに有利である。ネットは情報伝播のツールであり、ネット輿情監視システムは、レーダーのように、社会の見張り役で、ネットを利用して中国社会に対して政治、思想、文化の浸透をしようとする良からぬ者を摘み出し、社会の順調な運営を推進せねばならない。目下のネット輿情警報メカニズム作りは、ネット輿情レスポンス業務の重要な前提と基礎である。それは、コンピュータソフトウェアを利用して、予測、シミュレーションなどの方法で、各種の社会変量を検測、評価し、ある事件の発生、発展、変化の規則と特徴を分析、研究し、ネットと公共事務運営体制に対して有効な監視を行い、予見判断と警告をし、政策決定者に意見と根拠を提供する人工知能的な現代管理システムである。ネット輿情レスポンスの中で、アラームシステムを導入すれば、ターゲットの輿情に対して迅速に応答し、輿情の消極的な影響を一定範囲内に抑え、社会の安定と人民の安康を有効に維持することが可能になる。

④ 公開透明の政府情報発布制度を作り、輿情応答の現状を追跡、報道する

　ネット上の虚偽情報の悪影響を打ち消すために、公衆に明晰で権威性のある情報を十分に提供することが大事である。政府部門は社会公共事務管理の責任を負い、公共事件関連情報への掌握は最も全面的で詳しいはずである。政府が積極的に情報を発布することは、事実関係を明かにすることに有利で、民衆の知る権利を満足させて、輿情の沈静化につながる。そうでないと、各種の似非情報の伝播を抑えることが難しくなり、社会の安定と調和に不利である。したがって、各レベルの政府は、情報輿論に対して敏感に対応し、情報処理能力を高め、社会公衆の需要を最速で判断し、政府主導で積極的に情報を発布し、輿論を有効に誘導せねばならない。

⑤ 政策法律を制定し、ネガティブな輿論を沈静化させる

　場当たり的な応急措置では、実際問題を解決できないかもしれない。時には、相応の政策と法律を制定し直す必要がある。たとえば、孫志剛事件は、結局 20 年間施行していた流動人員収容送還制度を廃止に追い込んで、条例や法律に対する憲法違反検査の先例を作った。輿情問題解決の根本は実際問題の解決である。実際問題解決の根本は政策法律レベルでの解決である。

⑥ 輿情収集と反映メカニズムを作り、ダイナミックな変化の中で、輿情を疎通する

　民間輿情の実際状況を知ることは、政府の輿情応答能力向上のキーである。各レベルの政府は、ネットで民意を収集し、そこに立ち止まらず、ネットの民意に反映されている社会問題を十分に認識し、それを登記、分類、整理し、狙いを定めて解決方案を策定する。小さな輿情をダイナミックな変化の中で解決し、大事に至らないように交流する。

⑦ ネット報道官制度を作り、ネット輿情を科学的に応答する

　ネット情報伝播形態の急速な変化によって、中国の各レベルの指導者が直面している輿論圧力が急に増加した。インターネットの急速の発展に伴い、人々は、ネットで各種の情報を獲

得し、伝播し、市民記者めいた者まで出現した。それに対して、各レベルの政府の応対能力がまばらである。ネット民衆と付き合うことになれていない政府機構もある。突発事件後に伝統的な考え方で、情報を封鎖しようとする動きもあって、これらのやり方は明らかに時代錯誤であり、政府の公信力を失墜させるだけである。ネット報道官制度は、政府が自ら積極的にネットに登場することである。その目的は、ネットを通じて、即時に、主動的に、精確に権威性のある情報をもって、ネット輿情に応答し、事実を明らかにし、不完全情報、誤解などを解消し、対立を解決し、ネット輿論を正しい方向へ誘導する。この制度は、政府に情報発布、デマ撲滅の空間を与えると同時に、政府をスポットライトの下に置き、公衆の監督を受けさせる。重大突発事件発生時、各種の質疑と非難の中で、政府のネット報道官チームは、民衆が関心している核心問題を正確に判断した場合のみ、有効な応答し、群衆を理性思考に導くことが可能になる。

四　輿情監督メカニズムの建設を強化

1　輿論監督メカニズムの定義と内包

　輿論監督は伝播メディアの機能多様化の産物であり、近代国家民主政治の印の一つである。1987 年、共産党第十三回大会報告に輿論監督が提起されてから、2012 共産党第十八回大会まで、輿論監督は、連続六回、大会報告の中に取り込まれている。改革開放以来、中国の輿論監督制度も絶えず発展し、輿論監督が、権力制約システムの有機的な構成部分として、立法監督、司法監督、行政監督、党内監督と群衆監督とともに、中国式社会主義の監督体系を構成し、反腐敗、政治民主化などにおいてますます大きく機能している。

　輿論監督とは、社会構成員、もしくは社会組織の、社会公共事務と公共権力機関への偏った行為に対する批判と制約である。主に社会公衆の意見発表によって、批判的輿論を形成し、監督対象の思想と行為に対して矯正と制約をする。これはソフトな、精神的な社会

監督であり、人々の意識に働きかけて、実現する。通常二種類のコントロールに分けることができる。一は、意見制裁である。すなわち、外部輿論が人々もしくは社会組織の行為に対する評価を通じて、彼らの行為を制約する。二は、付き合い制裁である。つまり、輿論活動をもって、人々と社会組織が他者との意見交流と社会的付き合いを遮断し、彼らを孤立と苦痛の中に陥れることである。我々の通常いう輿論監督は、狭義的で、ニュース輿論監督を指す。つなり、一般市民とニュースメディアを含む社会組織が公共の言論空間の中で、公開指摘、評論、意見提出などの手段で、政府機構と官員の権力乱用などの行為に対する監督と制約である。

中国の憲法は、言論、出版、集会、結社、デモ、示威の自由を保障している。つまり、市民はメディアと同様に、政府機構と官員を批判する権力を持っている。したがって、輿論監督は、単純にニュースメディア業界の自由権利ではなく、行政権力の一種の延長でもなく、普通市民を主人公にすべきである。メディアにも腐敗が発生しうるので、輿論監督の主役は他でもなく、普通市民である。

輿論監督メカニズムは、ニュース輿論監督の制度化、規範化、プログラム化を実現するために取った一連の輿論監督の制度保障と作動メカニズムである。輿論監督は、立法、司法、行政の三大権力と並んで、第四の権力ともみなされている。輿論監督が社会公正を守り、社会進歩を推進する機能を十分発揮するために、相応の制度を導入し、その持続性と有効性を保障しなければならない。

2 輿論監督メカニズム作り

（1）輿論監督の保障メカニズムを作る

輿論監督は、公権力に対する監督ではあるが、それ自身には、法的な効力を持たない。政府行政監督との連携が必要で、司法上の保障も必要である。目下、ニュース法がまだ打ち出されていなく、現行法律、法規の中で、輿論監督を保護するしかない。部門性、地方性の条例を作って、輿論監督の範囲、権力、義務と責任を明確にすることが可能である。そうする

ことによって、輿論監督の法的根拠を作り、ニュース記者の合法監督権を有効に保護する。

（2）輿論監督の作業メカニズムを整える

輿論監督は、単純に暴露、スキャンダル晒しではなく、その重点は、建設と指導にある。ニュースメディアが、ホットな問題、難題に対して批判すると同時に、群衆を正しく誘導しなければならない。政府の意志と群衆の呼び声の合致するところに注目しなければならない。まずはニュース輿論監督の対象と重点を定め、典型的なものを監督対象にする。次に、権力乱用と汚職など民衆が強く恨んでいる腐敗現象を重点的に監督する。また、社会の醜悪な現象、不道徳な行為と不良な風潮を批判、暴露する。

（3）輿論監督のフィードバックメカニズムを実行する

輿論監督の目的は、個人と部門が仕事を改善し、過ちを矯正し、共産党と政府の良好なイメージを樹立し、群衆の疑惑を解消することであり、批判のための批判、暴露のための暴露であってはならない。輿論監督は、終始を全うしなければならない。監督対象がとった措置とその結果、成果も報道しなければならない。追跡報道を通じて、問題の徹底的な解決を促し、ネガティブな影響を取り消し、ポジティブな効果をもたらし、仕事の目的を達成する。

（4）ニュース輿論監督の制限メカニズムを規範化する

規制のない輿論監督は乱れて、過ちを犯しかねない。したがって、いかなる形式の輿論監督も共産党の原則を遵守しないといけない。メディア発展の規則に沿って、輿論動向を正しく把握し、共産党と人民の声になる。それ以外に、輿論監督の申請批准メカニズムと奨励メカニズムを作る必要がある。

① 輿論監督と他の監督部門との連携メカニズム

目下、共産党と国家権力に対する監督システムは、党内監督、人民代表大会監督、行政監督、法律監督、民主監督と輿論監督から構成されている。輿論監督は、新聞、雑誌、書籍、ラジオ、テレビとネットなどをもって政府機関とその人員に

対する監督であり、実質は人民による監督であり、一定の強制力をもつ。その他の監督は、輿論監督の重要な保障であり、輿論監督はその他の監督の群衆基礎である。その他の監督は、輿論監督の連携で、強化される。輿論監督は、その他の監督のサポートで、効力を発揮する。単一の監督形式は社会が付与する監督の責務を果たすことができない。したがって、輿論監督は、メディア、共産党、政府部門と強力メカニズムを形成し、良性的な相互連携をする。

② メディアと共産党、政府職能部門との連携監督メカニズムを刷新する

監督力強化の最高の形式は、連携監督である。輿論監督の道を広げるために、『南通日報』は、連携監督の道を探索した。すなわち、人民代表大会、政治協商会議、規律検査委員会などとホットラインを開き、不正を有効に減少し、輿論監督の力を増した。南通日報の指導者の感想は、連携監督に組織保障が必要で、制度化、規範化、経常化が不可欠であるという。『厦門日報』の監督オンラインは、厦門市紀律検査委員会と市監察局のサポートで、市の風紀矯正弁公室と提携契約を結び、良好な協力関係を作った。新聞社がホットラインで民衆からネタを提供されると、初歩的な濾過をした後、市の監察局、風紀矯正弁公室らの会議に提出する。それから調査の方向、人員と報道のやり方を確認する。報道の原文ができたら、また当局に提出し、審査を受けて確定する。この監督モデルは、新聞社の孤独な戦いではなく、群衆監督、民主監督、行政監督、輿論監督との結合である。『南通日報』と『厦門日報』のやり方は、良好な効果をもたらした。

③ 輿論監督中メディアと党・政府職能部門の相互作用メカニズムを刷新する

上記の連合監督は、主にメディアと党・政府の監督機構との連携である。それをさらに拡大したのは、メディアと党・政府の職能部門との連携である。『北京日報』の輿論監督コラムは党・政府職能部門との相互連携を非常に重視

した。当該コラムは、ネタ収集からネタ選び、それから取材、報道まで、すべて、監督部門と関連の職能部門に通報し、そのフィードバックを受けている。そうすることによって問題の解決を速めている。監督対象との交流をしながらの監督はより効果的であることを実証した。

④ 党・政府職能部門がメディア輿論監督への管理メカニズムを刷新する

　党・政府部門は、逆にメディアへの監督も必要である。そうすることによって、党・政府の威信を建て、メディアの仕事への支持を表すこともできる。メディアの角度からすると、輿論監督情報を即時に関連部門に通報し、行政の介入を積極的に求めることが大事である。双方向の監督メカニズムを形成すべきである。

3　ネット輿論監督

ネット輿論監督は輿論監督の一種の新しい形式である。

(1) ネット輿論監督の定義

　ネット輿論監督とは、監督主体がネットを通じて、国家事務を知り、意見を交流し、情報ネタを提供する、監督対象に対する一種の監督形式である。その主要な形式は、ネット上のメディア言論、論壇、ブログ、ミニブログおよびレスである。それはすでに広く注目され、好評されている監督形式であり、社会道徳建設と法治建設を推進し、市民の素質を高める有利な経路となっている。

(2) ネット輿論監督の特徴

① ネット輿論の主体の匿名性は、群衆が輿論監督へ参加する積極性を刺激した

　伝統メディアで反腐敗の告発をするためには、実名の通報が必要である。これは告発者に心配をもたらしている。これに対して、ネットメディアでは、ネット意見表現の匿名性により、腐敗行為への告発などがしやすくなり、群衆が輿論監

督へ参加する情熱と積極性が求められる。

② ネット輿論の自由性は、群衆の発言権を強化した

　伝統メディアには、エリートの言論がよく登場するが、普通の民衆の声が比較的に小さい。しかし、インターネットというオープン型のプラットフォームでは、いかなる人も随時、大胆に発言でき、時間と空間の制約を受けない。それによって普通の民衆が本当に自分の発言権と監督権を手に入れた。

③ ネット輿論伝播の速さと便宜性は、ネット輿論監督の効率を上げた

　伝統メディアで発言を発表するには、えてして度重なる審査をパスしなければならなく、時効性が損なわれることが多い。それに対して、ネット輿論監督は、ポイント・ツー・ポイントの交流であり、瞬間的に爆発し、あっという間に周知されることがある。

④ ネット輿論の爆発性は、その威力となっている

　インターネットメディアで、人々は非常に便宜に各種の評論に参加し、意見交流を行うことができる。短時間内に、各種の観点と思想がぶつかり、融合し、最終的には強大なネット輿論の力となり、事件の速やかな解決を促すことがある。たとえば、官員が非常に高価なタバコを吸っている、もしくは、高級外車に乗っている、もしくは、高級時計をつけている写真がネット上に流されると、あっという間に大きな輿論の渦となり、結局監督機構が調査に乗り出し、これらの官員の汚職事実が暴かれ、すぐ首になる。強烈のネット輿論に対して、中央から地方まで、各レベルの政府は腐敗撲滅に力を入れてきた。たとえば、浙江省の多くの地方では、官員財産報告制度を試験的に施行し、官員の腐敗対策とした。ネット輿論監督は、政府の自浄を促した。

(3) ネット輿論監督機能の強化

　ネット輿論監督は中国輿論監督体系の中で無視できないほど重要な力となってきた。しかし、目下ネット輿論監督はまだ初期段階にある。ネット監督の主体の合法性はまだ明確で

はない。監督手段の受けるべき制限も不明で、ネット監督情報に局部性と無秩序性がある。ネットの仮想性と匿名性が、道徳規範の市民への束縛を緩めた。よって一部の非理性的な成分がネット上に蔓延した。大量の虚偽情報がネットの公信力を弱め、政府の注目度と民衆の参与度と積極性を下げた。例えば、2008年の柑橘事件がそうであった。柑橘に虫がいたという情報の伝播により、デマが大量に発生し、結局全国各地の柑橘が売れなくなって、農家に大変な損失をもたらした。

　従って、ネット輿論監督への監督、管理を強化し、積極的に誘導し、規範化することが、ネット輿論監督機能を効率よく発揮させ、ネット輿論監督を新しい段階に上げる急務である。

① **政府主導で、技術を投入し、ネット監視コントロールシステムと法規制度を整える**

　政府は、ネット輿情の監視システムを整えるべきである。まずは、専業の輿情監視コントロールチームを作り、資金、技術人員の各方面からサポートし、ネット監視システムを正常に作動させる。次に、法規を実施し、修正も加える。警報システムと相応の応急メカニズムを確立する。ネット通信の疎通を保障し、ことの真相を即時に、客観的に発布できるようにする。また、影響の大きいネット事件の後続管理問題も重視し、ネット犯罪を消滅するために、ネット監視技術を更に高め、各種のネット犯罪行為と観念を厳しく打撃する。

② **細部からネット輿論管理水準を高める**

　論壇管理員の作用はますます突出している。彼らはネット輿論を理性的な方向へ発展するように誘導し、ネットユーザーの不良な情緒を解消する責任がある。ネット事件に対する悪性の追随を抑えるために、管理員の腕と問題を発見、解決する能力を高める必要がある。サイトの内部情報管理制度を最適化し、ネット輿論の多変と非理性的な特徴に対して、ネット輿論情報濾過と発布管理体系を意識的に作り、管理員と参与人員の職業道徳建設を強化し、ネット技術安全措置を強化する。

③ ネットユーザーの素質を高める

　ネット輿論の規範化は、ネットユーザーの言論の規範化であり、ネットユーザーの素質に直接かかわる。ネットユーザーは、自身の判断能力を絶えず高め、ネット事件に伴いがちの落とし穴を識別し、自身の言論を規範化し、文明的なネット輿論を提唱すべきである。

④ ネットメディア従業者の自律を強化

　多くの悪性ネット事件を考察してみると、ネットメディア自身と深い関係にあることがわかる。一部のサイトは、アクセス件数を増やすために、わざと道徳法規に違反する情報を発布し、ネットユーザーの注意力を引き、さらにその情報を突出させ、虚偽情報とネガティブな影響を広く伝播し、社会の安定と調和を脅かすことになる。したがって、ネットメディアは、従業者に対して、職業道徳規範教育を実施し、厳格な自律を促すべきである。ネット従業者は、社会の調和を害する行為を排斥し、ネットユーザーのプライバシーを尊重、保護し、業界自律規範を厳しく執行する。そうすると、虚偽情報の氾濫が阻止され、ネット環境の秩序が保たれる。

　また、伝統メディアの監督機能を軽視してはいけない。新聞、ラジオ、テレビなど伝統メディアは、事件調査報道、原因分析、経験の総括などにおいて、ネットメディアより優れ、より質の高い輿論監督を形成できる場合が多い。したがって、ネット輿論監督の力の発揮には、伝統メディアの応援とフォローアップが必要である。ネットメディアと伝統メディアが共鳴すれば、巨大なエネルギーとなる可能性がある。孫志剛事件と華南虎事件がそうであった。伝統メディアは信ぴょう性を提供し、ネットメディアは影響を拡大、拡散し、輿論プラットフォームを提供した。従って、ネットメディアと伝統メディアの結合は、メディア輿論監督の合力を形成する。

五 輿情案件データベースの建設を強化

1 輿情案件データベースの定義とその内包

　輿情案件データベースは、輿情観測機構がネット輿情を長期的に研究、分析することによって蓄積した貴重な資料であり、党・政府機関、企業、社会団体の宣伝、調査研究、理論、教育などの関連部門に一定の参考価値がある。輿情案件データベースの考え方は、過去のケースと現在の問題を結び付け、類比、推理などを利用して、新しい問題解決法を見つけることにある。ケース推理は1982年Shank氏の論著『ダイナミック・メモリ』によって提唱され、1983年に、Kolodener氏らのコンピュータシミュレーションによって実現された。新しい問題に遭遇した場合、以前の経験を思い起こして、類似問題と比較して新しい解決法を探し出すのは、非常に有効である。それによって、新しい問題とその解決法も記憶され、今後の問題解決の参考となる。

2 輿情案件データベース作りの現状

（1）輿情案件データベースの必要性と重要性

　　輿情危機を芽から摘み取り、社会の焦燥な情緒を交流し、社会秩序を維持することは、社会管理者の根本的な目的である。世界の変化が日進月歩し、社会管理に大きな挑戦を突き付けた。類似性の高い案件処理を参考にすれば、突発事件処理の時間を大幅に短縮し、危機事件の効果的、精確、瞬時の処理が可能になる。典型的な輿情ケースを集めたデータベースは、突発輿情事件処理の効率を上げる方法である。

（2）輿情案件データベース構築の実践

① 人民網データベース

　　2006年から、『人民日報』所属の機構が検索エンジンとネット輿情の研究を始め、2008年に「人民日報ネットセンター」

の輿情観測室を成立し、2010 年にそれを「人民網輿情観測室」に改名した。国内最初の専門的な輿情観測機構として、「人民網ネット観測室」は、『人民日報』の権威性と公信力を利用して、輿情データベースを研究、開発し、そして、絶えず改善し、近年の典型的な輿情危機管理ケースをカバーし、社会衝突の解決と応急処理の方法を沢山収録した。

現在まで、当該データベースは、共産党中央、国務院および各レベルの党・政府機関が 2008 年以来処理したホットな輿情事件を 200 あまりを蓄積した。ケースの分野は、経済生活、公共管理、司法事件、生態環境、社会管理、社会思潮、教育、科学、文化、衛生、香港マカオ、国際、および国内 20 あまりの地方に及び、インターネット上高度に注目されたほとんどあらゆる事件をカバーした。公共管理と企業ブランド管理の差異に対して、「人民網輿情観測室」は、二つのバージョンの輿情データベースを開発した。すなわち、政務版輿情データベースと企業版輿情データベースである。政務版輿情データベースは、正常な社会風潮を把握し、ホットスポットを掴み、民衆の訴えを了解し、システムの抜け穴を検査し、政府のイメージを構築し、輿論引導を強化し、社会管理を一体化した総合的な輿情データベース管理サービスプラットフォームである。企業版輿情データベースは、業界発展の動向を理解し、業界政策動向を知り、業界革新情報に触れ、企業営業効果を評価し、企業のネット名誉を測り、企業の意思決定をサポートし、業界輿論の風向きを誘導する総合的な輿情データベース管理サービスプラットフォームである。

② **新華網案件データベース**

人民網の他、新華網は、比較的に早くネット輿情観測分析サービスに従事した機構として、自身の権威的な情報発布プラットフォーム、先進的な輿情観測統計技術を利用して、ネットで熱く議論された輿情危機事件への重点解読を通じて、豊かな輿情分析研究判断経験と操作可能な業界危機応対方案を蓄積した。

③　公安、検察、裁判所の案件データベース

　　法制網と正義網を代表とする司法界の輿情観測機構も、輿情案件データベースの構築を重視している。彼らのデータベースは司法と反腐敗運動のホットスポットをカバーし、地方政府、司法機関、紀律監察機関および国有企業に、ネット輿情の発生、発酵、解消メカニズムを理解し、危機管理、応対能力を高めてもらうことに寄与している。目下、人民網、新華網を代表とする輿情観測機構が輿情案件データベースの構築を非常に重視しているが、現段階、中国の突発輿情事件案件データベースは、相対的に遅れている。質の高い輿情危機案件データベースを整えることは急務である。

3　輿情案件データベース作りの原則

　データベースは、データの構造によってデータを組織、格納、管理する倉庫である。輿情案件データベースの構築は、一定のルールに従って、関連データを倉庫に入れないといけない。また、管理の需要によって、相応の処理をしなければならない。輿情案件データベースの構築は、典型的なケースを広く集め、編集、整理、専門家の指導、実践の検証などによって、ケースの「製品」を形成し、倉庫に格納する。

（1）全面性

　　収録情報の全面性を確保し、内容豊富なデータベースを構築するのは基本である。全面的なデータベースは、あらゆる分野のあらゆる業界をカバーし、異なるユーザーの需要を満たす。専門性の高いデータベースは、関連案件を網羅し、深く掘り下げる。

（2）典型性

　　全面性とは、あらゆる案件を収録する意味ではない。そうすることは技術的に可能かもしれないが、資源と労力の無駄になる。それよりも、典型性のある案件を選んだほうが効率的である。その他、案件選びは、大と小の結合、難と易の結

合などに注意し、異なるユーザーの要求を満たすようにする。典型性のあるケースは案件データベースのキーである。典型的な案件は普遍的な適用性がある。

（3）精確性

案件データベース構築の根本的な目的は、過去の経験を参考して、問題解決法を見つけること、もしくは、現在発生中のホットな事件の発展趨勢を予測することである。したがって、案件の精確性が、一つのキーである。精確性に欠けた案件の参考価値は乏しい。例えば、武漢大学出版社が2013年に出版した『中国企業の危機：輿情ホットスポット対面』には、近年中国経済発展中旋風を巻き起こした著名企業、もしくはブランド、例えば、三鹿、冠生園、太子ミルク、愛多DVD、本色などの凋落を収録した。実証資料とデータに基づき、これらの案件を詳しく分析し、凋落の原因を突き止め、類似リスクの回避に非常に価値の高い啓示を示した。

2012年人民日報社出版の『中国企業家非正常死亡輿情報告』という書籍は、社会的な影響力をもつ企業家の非正常死亡案件を50件近く取り上げ、各種の輿情観測手法で客観的なデータを収集し、代表的な観点を採り、読者に事件後の関連情報発布、伝播過程および社会的反響をミクロ的に再現する。この書籍は企業、政府機構など輿情応対の成敗得失に対し、専門的な評価を下し、危機応対と輿情応対に関する価値ある考え方を提供している。

これは中国国内で初めて輿論反応の角度から極端事件についての情報伝播を立体的に追跡し、輿情価値に対して明晰な判断を下した。また、企業が経営危機、輿論危機に対処する場合、どんな応対方法を採るべきかについて、相応の研究を行った。さらに、社会管理の角度から、政府が輿論危機に直面している企業と企業家をサポートする時、とるべき措置についても研究を行った。案件データベース作りは複雑なシステム工程であり、密接に関連している一連の作業モジュールによって構成される。科学的なフローで構築する必要がある。

第3節
輿情管理連携システム

一 内部協調の連携メカニズム

　部門と部門の間の協力は、作業フローに決められたルールで行われるべきである。責任逃れや遅延をせずに、みんなで合力を形成して対応する。重複作業を減らすために、情報共有をすべきである。一つの考え方は、権威性のある統合的な輿情工作機構を作ることである。そうすることによって目下各部門単独の作業方式を変える。もう一つの考え方は、情報共有のプラットフォームを利用することである。それによって、重複作業を減らし、情報の偏向と漏れを回避することができる。また、輿情情報の共有に基づく政策の共同決定と応急体制が考えられる。すなわち、輿情情報の共有によって、多部門多階層の機構と指導者の参与で、より整合性のある一体化の政策、規則を打ち出して、政策の矛盾と衝突を避ける。

二 外部協調の連携メカニズム

1 ニュース、情報部門との提携

　情報部門は、機密性の内容の発掘と掌握に注力する。その取り扱う情報の多くは国家安全と政治統治に関わる。それに対して、輿情は民衆が政府や官員、公共事件、現象に対する態度、情緒と行為傾向などであり、公開性、普遍性、大衆性などの特徴をもつ。

　ニュース情報は、記者が現場に乗り込んで発布する事件の場所、規模、発展態勢などの要素である。ニュースは客観性、描写を重視し、ある現象、事件を最も直接的に展示する。ニュースは、事実性のほかに、文学性と芸術性も求められる。それに対して、輿情は民衆の事件や現象に対する態度、情緒、傾向などである。輿情は分析、

反応、帰納などを重視する。輿情情報工作は、ニュースと情報部門の仕事と異なるが、輿情工作を有効に展開するために、他の部門と協力、疎通、情報交換を行うべきである。輿情部門は、自分の集めた民衆の意見などをニュース部門に与えるのも良いし、ニュース部門は、発表に相応しくなく、しかし、輿情危機応対に有用な情報を輿情部門に提供するのもよい。また、輿情部門は、輿論を引導するために、ニュース部門を利用することもあり得る。

　例えば、2012年7月21日、北京市に死者79人を出した暴雨があったが、その際、政府は新華社政策決定コンサルティングセンターと緊密に連携し、輿論の主導権を握り、最新の災害状況と政府の救済措置を公布し、民衆の知る権力を満足させ、民衆の情緒を宥め、重大なネット輿情事件にならずに、721特大暴雨を乗り越えた。

2　陳情受付部門との提携

　ネットの発展により、民衆は利益が侵されたと思う時、陳情など伝統的な方法で訴えるより、直接ネットで発言するようになった。従って、輿情観測部門は、真っ先に輿情情報を察知すれば、それを陳情受付部門に知らせて、悪性な事件を防ぐ必要がある。

3　公安部門との連携

　この連携は、突発事件と群衆事件の輿情応対処置において非常に重要である。群衆事件が発生した場合、事態のさらなる悪化を防止し、社会秩序を維持するために、公安部門が指揮をとって、短時間で各種の力を整合し、科学的で、有効に応対処置をする。

三　輿情機構の間の連携

　輿情の産業化がすでに趨勢になっている。輿情市場を占領するために、各種の輿情観測機構が、互いに連携しあうようになっている。たとえば、方正智思、拓爾思、邦富ソフトを代表とする輿情ソフトウェア開発企業と、人民網輿情観測室、新華網輿情オンライン、環球輿情調査センターを代表とするニュース機構と、人民大学輿論研

210

究所、上海交通大学輿情実験室、華中科技大学輿情情報研究センターを代表とする輿情研究機構などが、協力しあっている。互恵のために、各自の優位性をもって、人材育成、技術難題の突破、公共サービス、高級トレーニングなどにおいて深い協力を行い、ネット輿情処置を真新しいレベルに上げる。

2011年、復旦大学メディアと輿情調査センターが、世界最大の中国語情報サービスプロバイダである慧科迅業と提携契約を結び、社会ホットスポットに対する追跡と分析を行い、公共政策と社会管理の科学化、精確化と民主化を推進し、社会科学学術研究能力とレベルを上げ、世界一流のニュース伝播と社会輿情調査と研究の機構を作るために、絶えず努力している。

また、2013年に、中国初の輿情理論研究機構として、天津社会科学院輿情研究所と中国科学技術大学輿情管理研究センターは、輿情管理研究システムの共同研究・開発を発足させた。中国科学技術大学輿情管理研究センターのベンダーである安徽博約情報科技有限責任公司は、輿情観測、評価ソフトウェア開発分野での優位性を発揮して、自主知的財産権をもつ輿情管理システムを以て、天津社会科学院輿情研究所に、国内一流のソフトウェアツールとプラットフォームを提供する。それと同時に、天津社会科学院輿情研究所は、輿情研究におけるソフトウェアへの需要をフィードバックし、輿情管理システムの最適化とレベルアップを促し、研究と開発の双方のウィン・ウィンを実現する。この他、双方は、プロジェクト申請、人材の育成、学会の開催などにおいて、協力し、国内外の交流と合作を推進し、研究成果を広げ、知名度と影響力を上げて、より多くの研究者を輿情研究分野に誘い込む。

第4節
輿情管理アラームシステム

　中国は社会の転換期にある。各方面の利益対立が多く存在する。インターネット情報の精確性と伝播範囲を有効にコントロールしないと、社会安定に影響する一連の政治問題が起きやすくなっている。したがって、ネット輿情の警報は非常に重要である。危機の発生を回避すること、もしくは、危機の芽を摘み取ることは、最もコストが小さく、最も成功な危機管理方式である。ネット輿情管理の重要な部分と第一の防御線として、ネット輿情突発事件アラームシステムを構築することは、調和社会にとって非常に重要である。

一　輿情アラームの定義

　アラームは、予測に基づくものである。ネット輿情アラームは、ネット輿情が発生、発展と消滅にとって重要な影響を与える要素を発見し、持続的に、ダイナミックに観測し、総合分析技術を利用して、目下のネット輿情評価し、その発展趨勢を予測し、即時に予報をすることである。

二　輿情アラームシステム

　アラームシステムは、予測、予報を完全に構成するすべての要素の集合である。アラーム指標、アラーム等級、アラーム方法など要素間の相互関係の和である。

　アラーム活動は、観測対象、問題の根源、アラーム等級、予兆分析、予報危険度などを明確にすることを含む。アラーム等級指標システムが最も重要である。それは、指標の構成、指標の階層、指標評価基準、指標等級などを含む。アラーム機構の組織体系はアラーム責任機構、人員構成、責任と権力およびその他の部門との関係などを含む。アラーム作業フロー体系は原始情報データ採取、フォー

マット、報告、纏め、整理、分析、アラーム情報発布などを含む。

三　ネット輿情アラームメカニズムの構成

1　ネット輿情アラーム等級の設定

　国際慣例、中国関係機構の管理規定およびネット輿情発展趨勢を総合的に考慮すると、ネット輿情の危機アラームは、青、黄色、オレンジ色と赤の四つの等級に分けられ、それぞれ、軽度、中度、重度、特別重度を代表している。

　青（Ⅳ級）：輿情が発生した。注目度が低く、伝播速度が遅く、影響範囲が狭くて、行動につながる輿論に転換する可能性がない。

　黄色（Ⅲ級）：輿情が発生した。注目度が比較的に高く、伝播速度が中級で、輿情の影響が一定範囲内に留まり、行動につながる輿論に転換する可能性がない。

　オレンジ色（Ⅱ級）：輿情が発生した。国内外の注目を引いている。伝播速度が速く、影響範囲が広がっている。行動につながる輿論に転換する可能性がある。

　赤（Ⅰ級）：輿情が発生した。高度の注目を引いている。伝播速度が極めて速く、影響範囲は全社会であり、すぐにでも行動につながる輿論と化する。

2　ネット輿情アラーム指標体系

　ネット輿情評価指標体系を確定するために、まず、ネット輿情に影響する要素を分析する必要がある。ネット輿情の発生、発展、変化と消滅に影響する要素が多く、その内影響の多いもの、測定しやすいものをアラーム指標とする。

（1）輿情

①　輿情の触発源

　　輿情の触発源は、輿情の性質を決める。異なる輿情は異なる注目度、共鳴度と情緒表現欲を引き起こす。輿情を引き起

こしうる現実生活の根源は以下の種類を含む。

政治類：国内外重大な政治事件、政治デマ、敵対勢力の破壊活動。

行政類：公共管理部門政策決定のミス、権力の乱用、あるいは、不作為、汚職腐敗など。

社会不公平：医療、住宅、就職、教育、社会保障など。

突発事件：自然災害、生産安全、公共衛生、突発事故など。

社会対立：貧富の格差など。

社会安全事件：テロ脅威、治安、重大刑事事件など。

② **輿情の発展**

すなわち、輿情発生後、関連の後続事件のあるかどうか、あった場合、どんな影響を及ぼすか、などである。

③ **輿情のコントロール**

輿情事件発生後、関連部門が適切な措置をとって、輿情を誘導することである。たとえば、突発事件発生後、民衆の恐怖心に対して、関連部門は即時に情報を披露し、デマを打ち消したかどうか、社会情緒が宥められたかどうか、予備した応急措置をとったかどうかである。

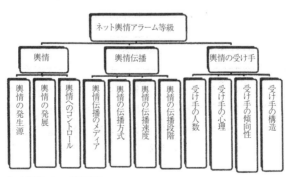

ネット輿情アラーム等級指標システム

(2)輿情の伝播

① **輿情の伝播メディア**

影響力のあるメディアで伝播されているかどうか、メディアの扱いは大事なのかどうかである。

② **輿情の伝播方式**

人間同士の伝播、即時通信伝播、論壇コミュニティ伝播、ニュースメディア伝播の四つの方式がある。ニュースメディア伝播の信憑性が一番高いと思われ、人間同士の伝播はもっとも信頼度の低いチャンネルである。

③ **輿情の伝播速度**

輿情の伝播速度が影響力を正比例関係にある。伝播速度が速ければ、その影響力も強く、カバーする範囲も広い。

④ **輿情の伝播段階**

拡散段階：この段階では、事件の新鮮さによって、それの伝播するプラットフォームが急増し、民衆の注目度が絶えず上昇し、その結果はアラーム等級の上昇となる可能性がある。もし、適時に介入して処理すれば、問題が合理的に解決される可能性がある。

安定段階：この段階の重要な印は、受け手の数量が安定することである。この段階では、輿情を伝播するプラットフォームの数も落ち着いている。人々の注目度は一定の範囲の中に納まっている。この段階では、アラーム等級は絶えず上昇することはない。ただし、政府の処理がずさんであると、新しい事件と情報が発生し、民衆の情緒に再び火をつける、更に激しい輿情を引き起こすことが可能である。

消滅段階：この段階では、輿情事件の注目度が下がり、受け手の数も減少し、アラーム等級も下がる。

（3）輿情受け手

① 受け手の数量

受け手の数量は、アラーム等級を測る重要な指標である。受け手の数量が多いと、輿情の影響力が強く、逆に受けての数量が少ないと、輿情の影響力が弱い。

② 受け手の心理

心理が安定し、健康な人は、社会の不公平や突発事件を受け止める力が強く、その判断も比較的に客観的である。受け手の良い心理状況は、ネット輿情衝撃のバッファーである。

③ 受け手の傾向性

輿情に対して、受け手の傾向は四つに分けることができる。すなわち、支持、中立、反対、無関心である。輿情処理者は民衆の輿情態度を評価し、アラーム等級を決めることができる。

④ 受け手の構造

同様な輿情に対して、年齢、性別、教育レベル、職業、生い立ちが異なる受け手は全く異なる反応を示すかもしれない。

3　ネット輿情アラーム指標体系におけるウェイト配分

アラーム等級指標体系を確定した後、各指標のウェイトを確定する必要がある。その確定は以下の原則に従うとよい。

（1）実行可能原則。指標が測定可能でなければならない。

（2）全面性原則。指標が輿情状況を全面的に反映しなければならない。漏れがあってはならない。

（3）動的原則。スタティックな状況だけではなく、変化に注目して、ネット輿情の発展、変化の規則を把握する。

（4）科学性原則。単純なデータ収集ではなく、ネット輿情の実質と発展趨勢を本当に反映する指標を選択する。情報の階

層と総合性を重視する。
(5) 相対的安定原則。動的な情報に注目しながらも、情報の安定性を無視してはいけない。安定性のあるデータを指標にし、アラームの精確性を上げることが可能である。

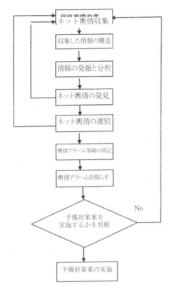

図1　ネット輿情アラーム作業フロー

四　ネット輿情アラームの実施

ネット輿情予報作業のフローを以下の図で示す。

1　ネット情報収集

ネット輿情はインターネット上に散在する。ネット輿情を分析する場合、まず夥しいネット情報から収集と選別を行う。情報伝搬チャンネルの多様化がネット輿情情報収集作業に未曾有の挑戦を突き付

けた。したがって、インターネット情報の収集は、人工だけに頼ることは不可能で、必ず技術手段を使い、自動収集を主な形式とする。

ネット情報の収集は、重点収集と日常収集の二種類に部類される。重点収集は、すでに知られている、興情を集中的に反映しているウェイブサイト、ミニブログ、ブログ、論壇、あるいは最新のホットスポットに対して情報を収集することである。この種の収集は、人工的に行うこともある。日常収集は、専業の興情観測プラットフォームを使っての情報収集であり、カバーする面は非常に広く、取り扱う情報量も巨大である。この種の収集は、自動方式で行われるしかない。自動収集は捜索エンジン技術を利用して、捜索エンジンの中で、ウェブスパイダーがネットサーフィンによって、ウェブページのリンクからインターネット上の各種情報を掴んで、ローカルのデータベースに持って帰り、情報収集の目的を達成することである。専門的な興情観測システムによって、夥しいネット情報が絶えず収集される。一部の重点監視対象に対して、人工的に収集と分析を行い、アラーム等級指標体系を利用して、興情の内容と影響力を確定する。

2 収集した情報の構造化

インターネット技術を使って収集してきた情報は、構造化されておらず、それを直接使うことができない場合が多い。したがって、収集した情報に対して構造化処理を行うことが必要である。無用な、関係ない情報を取り除き、必要な整理を行う。例えば、ウェブドキュメントの中の広告リンクを自動的に除去するとか、余計なフォーマットを排除するとか、データをロジカルに組織するとかである。これらの処理をした後、データがやっとデータベースに収録され、更なる分析と処理に備えられる。

3 情報発掘と分析

情報を構造化処理した後、データ発掘を行うことができる。ウェブ情報発掘とは、ターゲットサンプルを分析し、その特徴を抽出し、それを根拠に、ウェブドキュメントとウェブ活動の中から人々が興味をもつ情報、潜在的に有用なモデルと隠された情報を抽出することである。統計分析、関連規則、類別分析、序列モデルなどの技術を使って、関連興情情報を発見する。統計分析技術は、関連内容に

対して、蘊蓄されている情報を発掘できる。関連規則は、啓発式規則として、リモート顧客が請求する可能性のあるページを分析し、顧客のための予測を行う。分類分析は、予め定義した類別によって分類することである。序列モデルは、ユーザーの偏向とアクセス習慣を明らかにする。

4　ネット輿情の発見

収集した情報に対する分析を通じて、ホットな輿情スポットを発見することができる。輿情の変化と発展は、えてして似たような軌跡をたどる。したがって、受け手に特別に注目される輿情を発見した後、特設警報を鳴らす以外、具体的な輿情の変化と発展を追跡し、コントロールを失うことを防ぐ。

5　ネット輿情の選別

ホットな議題を選別し、民衆の社会政治態度を反映するホットスポットを探し出して、分析と追跡を行うべきである。ある輿情は社会の安全と安定を脅かす可能性がある。ある輿情は、敏感な話題に触れていないが、悪意のある人に利用されて、民衆が共産党と政府に対する不満情緒を引き起こすがあるかもしれない。ある輿情は敏感な話題に触れていなく、社会問題や国家管理者にも関係なく、単なる一種の情緒にすぎない。これらを選別する。

6　輿情アラーム等級の判定

輿情情報を選別した後、輿情情報の内容、発展態勢、引き起こし得る結果などの要素を考慮して、アラーム指標体系によって、輿情のアラーム等級を評価する。

7　ネット輿情アラーム

アラーム等級を判断した後、相応の作業メカニズムによって、上に輿情動向を報告し、政策決定に参考を提供する。同時に、輿情の影響力と発展趨勢を判断し、誘導とコントロールのために用意してある応対措置を起動するかどうかを決定する。

8　予備対策案の実施

社会の安全と安定を脅かすネット輿情の可能な出現に対して、関連部門と主管幹部は、従来の経験と研究成果によって、事前に予備対策案を作成しておくべきである。アラームがある等級に到達した

ら、相応の予備対策案を実施して、情勢をコントロールする。

　ネット輿情アラームの意義は、危機の芽をなるべく早く発見して、起きうる危機の動向、規模を判断し、関連職能部門に通知して、準備を整えてもらう。危機予報能力の高さは、夥しいネット言論の中で、危機の芽を敏感に察知し、その精確な察知と危機の可能な爆発との間の時間差にかかる。この時間差が大きければ、関連部門が対応に準備する貴重な時間も長い。

　目下、中国では、多種多様な応急予備案、各レベルの予防体系が作られており、突発性、群発性の危機事件に備えている。しかし、危機爆発前の予報作業は比較的に弱く、特に突発性が強く、カバーする面が広く、影響力が大きく、伝播速度の速いネット輿情危機に対して、有効なアラームシステムが欠如している。ネット輿情危機アラームメカニズムの構築と完備は、社会輿情危機処理の効率を上げ、社会資源を節約する重要な措置である。

以上

著者略歴
彭鉄元

　人民日報中国城市報ビッグデータ研究センター主任、中国政府管理国際案例編集委員主任、国家ビッグデータプロフェッショナル委員会事務局長、中国政府イノベーション及ぶマネジメントセンター副主任、中央紀律委員会反腐倡廉輿情視・予測プロジェクトチーム責任者、中国企業家非正常死亡プロジェクトチーム責任者、中国企業危機監視・予測及び対応プロジェクトチーム責任者、中国青年政治学院修士指導教師、北京大学研究員。人民ネット輿情監視・予測室常任副事務局長、人民フォーラムネット編集長、副編集長を歴任。

　中央紀律委員会反腐倡廉輿情監視・予測プロジェクト研究、企業家のマスコミ教養と危機管理プロジェクト研究、中国政商関係成功原因プロジェクト研究、輿情監視・予測報告レポート規範と技術実現、幹部のマスコミ教養と危機管理、上場会社環境社会責任情報公開輿情監視・予測等国家レベルプロジェクト。

著作
《中国企業家非正常死亡輿情監視・予測報告》人民日報出版社 2012 年
《中国企業危機輿情ホットスポットフェストウフェス》武漢大学出版社 2013 年
《中国食費医薬安全輿情ブルーブック（2013 − 2014 年)》人民日報出版社 2014 年
《ネット輿情管理学》長江出版グループ 2015 年
《新聞と報道 》2016 集
《中国政務服務ネット輿論ニュートレンド》
《彭祖文化探源》中国書籍出版社 2017 年

訳者略歴
中出了真

　昭和 45 年生まれ。金融、企業買収専門家。外資系証券会社の東京事務所代表および主席研究員、大学特任教授などを経て、現在は中国 M&A 公会会長特別補佐、アジア M&A 協会創設理事兼事務局長、国家ビッグデータプロフェッショナル委員会政務研究院 研究員、中国政法大学 緑色発展戦略研究院 客座教授、人民日報主管主辨 中国城市報投融資委員会 主任委員。東京農工大学博士後期課程。

陳亮

　昭和 36 年生まれ。産業経済管理学、体育産業管理、体育旅行学専門教授。東京農工大学総合農学研究科留学、農学博士号。

的陽

　平成 10 年生まれ。偉大な文学者の祖父を持ち、六才から一年、中国留学。十二歳、国連関係の会議で、日本の震災についてスピーチ。十五歳、欧州で父親と一緒にフォーチュン 500 企業の CEO とミーティング。その年、ベネチア大学で祖父の講義を傍聴。現在、中国汽車零部件工業公司株式会社社長補佐。富士康集団傘下賽博集団合同会社賽博投資 社長補佐。日本・中国・米国・露西亜国会テレビ株式会社代表取締役等。

輿情管理学

2017年3月20日　初版第一刷発行

著者
彭鉄元

訳者
中出了真・陳亮・的陽

発行人
末井幸作

編集デザイン
杉本健太郎

発行・発売
株式会社 明月堂書店

〒162-0054東京都新宿区河田町3-15 河田町ビル3階
電話 03-5368-2327
FAX 03-5919-2442

定価はカバーに記載しております。乱丁、落丁はお取り替えいたします。
ⒸNakade Ryosin 2017 Printed in Japan
ISBN978-4-903145-56-3 C0030

＊明月堂書店の本＊

完訳 カント政治哲学講義録
ハンナ・アーレント=著／仲正昌樹=訳

アーレントによる〝カント政治哲学講義録〟を中心に編集されている本著は、1950〜60年代にかけてアメリカの政治哲学をリードした彼女の晩年の思想を体系的に把握するための重要な手がかりを与えるテキストであると同時に、カントの著作の中で独特の位置をしめているとされる『判断力批判』に対する新しいアプローチの可能性を示唆するなど研究者必読の書と言っていいであろう。

訳者、仲正昌樹渾身の解説が光る注目の一冊！

四六判／上製／320頁／本体価格3300円+税

好評既刊

近刊予定

好評『2015産業統合のチャイナ・エンジン』改訂増補版

四六版並製
予価本体3000円+税
中国M&A公会=監修／尉立東・柏亮ほか=著／中出了真・黄伯・陳亮=訳